吳研因編著

國語新讀本

世界書局印行

世界书局国语新读本

吴研因　编著

经典民国老课本

山东人民出版社
国家一级出版社　全国百佳图书出版单位

图书在版编目（CIP）数据

世界书局国语新读本 / 吴研因编著 . -- 济南 : 山东人民出版社，2017.3

ISBN 978-7-209-10290-2

Ⅰ . ①世… Ⅱ . ①吴… Ⅲ . ①小学语文课－教材 Ⅳ . ① G624.201

中国版本图书馆 CIP 数据核字 (2017) 第 031926 号

世界书局国语新读本

吴研因　编著

主管部门　山东出版传媒股份有限公司
出版发行　山东人民出版社
社　　址　济南市胜利大街 39 号
邮　　编　250001
电　　话　总编室（0531）82098914
　　　　　市场部（0531）82098027
网　　址　http://sd-book.com.cn
印　　装　山东新华印务有限责任公司
经　　销　新华书店

规　　格　32 开（140mm × 210mm）
印　　张　13
字　　数　84 千字
版　　次　2017 年 3 月第 1 版
印　　次　2017 年 3 月第 1 次
印　　数　1-5000
I S B N　978-7-209-10290-2
定　　价　34.00 元

出版说明

教科书，俗称课本，我们都很熟悉。它在潜移默化间提高了人们的认识，塑造了国民的精神，其重要性不言而喻。教科书还有鲜明的时代烙印，它忠实记载了当时的政治、经济、社会等各种情况，因而有重要的研究价值。

为一般人所不大了解的是，教科书源于西方。我国的教科书史并不长，现在刚过百年。我国最早的教科书出于来华的西方传教士之手，国人自编教科书则始于十九世纪八十年代。一九〇三年清政府统一全国学制，在国家制度层面为教科书的发展提供了平台。一大批知名学者与新文化代表人物如张元济、蔡元培、杜亚泉、高梦旦、王云五、胡适、吴研因等其时纷纷投身教科书的编写，以商务印书馆为代表的各出版机构的领导人积极运作，组织高水平队伍，筚路蓝缕，呕心沥血，上下求索，编写、出版了一套套内容与形式俱佳的教科书，为我国教科书编写、出版奠定了良好的基础。

这些教科书取得了令人惊叹的成就。像商务印书馆一九一二年出版的《共和国教科书新国文》，全书一共八册，到一九二七年前后还在出版，目前所能见到的印次最多的一册印行了二千五百六十次（实际印次可能比这还要多），其中有些课文语言甚至成为熟语，如『小猫三只四只』，后来成为上海及其附近地区形容营业场所顾客稀少或开会到会人数寥寥的意思，可见这套书的影响之大。商务印书馆推出的其他教科书以及后起之秀中华书局、世界书局、大东书局等推出的教科书也都特色鲜明，受到各新式学校的青睐采用，出版后一版再版甚至重印几十上百次的屡见不鲜。

教科书性质特殊，虽曾大量印制，但很少被收藏，所以早期教科书被完整保存下来的不多，作为出版者，我们满怀深情地回眸凝望那些凝聚着前人心血和智慧，在教育史上产生了深远影响的老课本，希望有机会陆续把它们奉献到大家的面前。这也是我们的责任所在。创新总是在继承的基础上进行的。现首批推出六种，分别是商务印书馆一九一二年版的《共和国教科书新国文（初小）》、《女子国文教科书》订正版，一九三二年版的《新学制国语教科书

（初小）》，世界书局一九三三年版的《国语新读本》，大东书局一九三三年版的《新生活国语教科书》，世界书局一九三三年版的《模范公民（公民训练小册）》。其中前五种为语文教科书，由浅近的文言体到白话文，可以看出语文教科书的发展轨迹。它们的共同特点是：一、均面向小学低年级读者；二、编写、校订者为教育大家或专家，熟悉儿童心理；三、选文符合儿童生活与儿童心理，富于情趣；四、编排循序渐进，由浅入深，易于接受；五、选文注重对儿童进行知识与品德等多方面的教育，注重培养适应时代需要的人才；六、插图生动活泼，与文字相得益彰。《模范公民（公民训练小册）》相对特殊，它是早期教科书中修身、公民教育的一种，编写目的是督促小学生按规范的思想、道德和行为标准而生活，成为合格公民。其训练目标具体、细致，形式新颖、别致，对于今天的读者，特别是小朋友来说，仍不失为一种很生动、独特的成长读本。

在《经典民国老课本》书系的编辑上，有两层意思，一是精选品种，二是精选内容。高年级的课文插图渐少，文章渐长，我们的选文随之减少，对于一些不合时宜的内容我们也做了处理，努力使最后保留下来的内容健康、活泼，适于阅读。在呈现形式上，我们经过再三考虑，在原文、原图之外，依据每课内容列出了繁简字对照表（其中少量为异体字），这样做的目的是希望青少年读者能在阅读的同时由此认识一些繁体字。前辈们在文化教育领域创造出的业绩是令人钦佩的。我们在书中专门介绍了编写、校订、绘图者的生平事迹，希望能让他们为大家所认识。同时也祈请至今未能联系上的相关著作权人能及时与我们联系，以便奉上稿酬。

编著者

吴研因（1886—1975）现代语文教育家。我国早期研究小学语文教材教法的重要人物之一。江苏江阴人。一九〇三年，在上海半径园师范讲习所学习；一九〇六年，上海龙门师范毕业，回江阴，任观音寺市立九校教员。后又去上海单级师范讲习所研究『单级教学』，结业后任江阴市立九校单级部主任。一九二二年任上海商务印书馆国文部编辑，所编教科书风行全国。一九二四年去南京，先入大学院工作，后任初等教育司司长。一九四一年受教育部委派，往菲律宾任华侨教育专员。抗战胜利后，回国仍任初等教育司司长。新中国成立后，历任教育部初等教育司司长、中学教育司司长、教育科学研究所教学法组组长等职。为全国政协常委和中国民主促进会中央委员。

缮写者

陈履坦 杭州人。善写楷书，工柳体，曾在商务印书馆编译所书缮股工作。

绘图者

陈丹旭 连环画大家。著有《朱元璋》《水浒传》《东南英烈传》《三国演义》等系列连环画。画风细腻，工笔传神。

庞亦鹏（1901—1998）浙江南浔人。擅工艺美术，被称为插图广告画大师，月份牌时代的终结者。作品有《紫罗兰》《人间地狱》等。曾为林汉达先生主编的《东周列国故事新编》等绘制插图。抗战胜利后自组大鹏广告公司，先后为四一四毛巾、白猫花布、百雀翎、雅霜等设计广告，到二十世纪六十年代因视力衰退，很少再画广告。一九七九年旅居美国加州，一九九八年去世。

目录

第一册

一　小红上学……002
二　猫捉金鱼……004
三　小羊追鸟……005
四　两只羊过桥……006
五　看月亮……013
八　小鸡游戏……017
九　老公鸡……022
十　老母鸡……023
十一　小小鸡……024
十二　小菊……025
十四　小猫和老猫……028
十五　地上一只猫……034
十六　树上一只猫……035
十八　小黑跑马……036
十九　骑马游戏……038
二十　小矮人捉鸟……040
二十一　树上五只鸟……043
二十二　小老头做年糕……045
二十三　猜谜儿……048

第二册

一　玩具谜儿……055
二　开玩具会……060
八　冬老人……062
九　春姑娘……063
十　春姑娘吓倒冬老人……064
十一　三个蝴蝶……065
十二　小蜜蜂……070
十三　蝴蝶和蜜蜂……071
十四　上课和游玩……072
十五　小黑子的生长……073
十六　绿衣孩子……079
十七　画老鼠尾巴……080
十八　我要问问你……084
十九　蚕姑娘……085
二十　蛙吞青蛾鹤吞蛇……088
二十二　什么鸟……090
二十三　鸟的赛会……091
二十四　小虫打倒老公鸡……092
二十五　夏天的早晚……096
二十六　找小鸡姑娘……097
二十七　老鹰捉小鸡……101
二十八　风云雷雨……103

第三册

二 抢四方……106
三 鸡冠花……108
四 牵牛花爬树……110
五 蟋蟀王……112
六 小虫的音乐会……114
九 月宫歌……116
十二 瞎侦探……118
十三 预备过冬……122
十四 十颗小豆儿……124
十五 请你猜……127
十八 老鼠跳绳……128
十九 小羊捉老鼠……129
二十 踢毽子……133
二十一 拔萝卜……134
二十二 我们问冬天……136
二十三 冬天告诉我们……137
二十四 三只熊……138
二十五 花鸡娘子……144
二十六 三只小白兔……145
二十七 恭喜恭喜新年到……149

第四册

一 梅花早……152
二 怎么样的叶子最好……153
三 这是谁的家……155
四 大拇指……155
五 小人国里的大船……159
八 纸鸢歌……160
九 乌鸦怎么样吃
蛤蜊肉……162
十 乌鸦怎么样喝
瓶里的水……163
十一 春风轻轻飘……165
十二 杨家有只羊……166
十三 预备过儿童节……167
十四 三只小松鼠……168
十五 花的嫁娶……174
十六 远足……176
十七 小黄莺的窝儿……177
十八 小黄莺的歌……179
十九 假工人……180
二十二 猜拳……183
二十三 蝴蝶花……185
二十四 青蛙要吃蚯蚓……185
二十五 小黄莺的秋千……188
二十六 小青蛙的摇篮……188
二十七 两首谜语……189
二十八 两个问题……189
三十 这是什么虫……191

三十一 不知利害的小鸟们……192
三十二 扑蜻蜓……195
三十三 桃核的故事……196
三十四 虫的运动会……198
三十五 美丽的仙女……199
三十六 对山歌……202

第五册

一 光阴……204
二 认真读书的承宫……205
三 龟兔赛跑……208
四 耐心……211
五 大树上为什么生小果子……213
六 中秋的果品……215
九 种菜的笑话……218
十 秋露……220
十一 救了一条命……222
十二 树窟窿里取球……223
十三 秋来了……225
十四 小螃蟹……227
十五 水里的两样东西……228
十八 拗口令……229
二十二 母亲的心……230
二十三 芦雁……232
二十四 互助……234
二十五 互助歌……237
二十六 猎王的弓……238
二十七 第一封信……241
二十八 喜鹊给燕子的一封信……258
二十九 天然的五线谱……260
三十二 国历便……261

第六册

一 晨风……264
二 发现汽力的瓦特……265
三 冬风给春风的信……268
四 春风覆冬风的信……269
五 夜行的禁令……272
六 没有主张的老人……275
十 春来了……278
十一 众鸟营巢……279
十三 四时黄花曲……283
十五 毛虫的故事……285
十六 春日的园庭……289
十七 三个聪明的笨人……290
十八 妖人和妖法……293
十九 劳工国……297
二十 劳动新山歌……301

二五　勇荀灌突围求救……303
二六　百兽舞……307
二七　田里埋着五十块钱……308
二八　对答山歌……312
三〇　风哥儿……315

第七册

一　开学相见时的问答……318
二　钟表的老祖宗……319
三　研究真理的盖力略……321
六　捉鱼三字经……324
九　一个小小的旅行家……326
十　小人国……327
十一　李文霍发明显微镜……329
十二　小吴伟作画题诗……331
十三　勇周处改恶迁善……334
十六　双双伴侣……337
十七　一生读书的孙中山先生……338
十八　大将和大蟒……341
十九　飞将军跃马抗匈奴……342
二十一　战歌……345
二十二　武松打虎……346
二十三　和尚说大话……349
二十四　愚公移山……353
二十六　四小孩谈天说地……360
二十七　我们的老师达尔文……364
二十八　四时景物……367
二十九　猪八戒努力开荆棘……369

第八册

一　答爱玩具的朋友……374
三　实验室里的阿尔——爱迪生……375
四　四个谜语……379
八　草船借箭……381
九　歌舞的鸟明星……385
十四　月夜泛舟……387
十五　鲁滨逊漂流荒岛……387
十七　瀑布……393
二十一　侯将军奋勇剿倭寇……394
二十二　子夏论勇……400
二十七　海国博览会……403
二十八　夸佳果……404

第一册

繁与简

紅（红）

學（学）

四
五
爱的小學
六

繁与简

貓（猫）

魚（鱼）

繁与简
鳥（鸟）

四 兩隻羊過橋

大羊大，

小羊小。

繁与简

兩（两）

隻（只）

過（过）

橋（桥）

兩隻羊，跑、跑、跑，跑上橋。

小羊跑上橋，
黑狗跑來咬。

繁与简
來（来）

大羊說:「黑狗,黑狗,別咬,別咬,你大,小羊小。」

黑狗說：「好我不咬小羊，我來咬你，你別跑。」

大羊不跑，
黑狗來咬。
大羊角一頂，
黑狗跌下橋。

繁与简

頂（顶）

兩隻羊，跑過橋.
你叫叫，
我叫叫，
叫叫、跑跑、吃吃草.

五　看月亮

晚上，小黑叫小紅說：「姐姐，你來看，來看月亮。」

繁与简

紅（红）　說（说）　來（来）

小紅、小黑，同看月亮。
小黑愛月亮，要月亮下來。
小黑叫月亮，月亮不答應。

繁与简
愛（爱）
應（应）

繁与简

們（们）
遊（游）
戲（戏）

小黑說：「月姐姐，我愛你。請你下來，下來和我我遊戲。」

小紅說：「小弟弟，我愛你。我不下來，我在天上看你。」

繁与简
請（请）

八 小雞遊戲

一二、三，三隻雞，一隻是老雞，兩隻是小雞。老雞和小雞，在草地上遊戲。

繁与简

雞（鸡）遊（游）戲（戏）隻（只）兩（两）

老雞拿兩面旗，一面是紅旗，一面是黃旗。老雞說：「你們來遊戲，我給你們兩面旗。」

繁与简

紅（红）說（说）們（们）來（来）給（给）

兩隻小雞賽跑.
小黑雞跌一交,
小白雞快快跑.
老雞說:「好,好,好!
紅旗給我的白寶寶.」

繁与简
賽（赛）
寶（宝）

兩隻小雞跳高.
小白雞不會跳,
小黑雞跳得高.
老雞說:「好,好,好!
黃旗給我的黑寶寶.」

繁与简
會(会)

白寶寶，拿紅旗。
黑寶寶，拿黃旗。
兩個寶寶會遊戲，
老雞心裏很歡喜。

繁与简

個（个）
裏（里）
歡（欢）

九　老公雞

老公雞，
喔、喔、喔，
喔、喔、喔，
天天早上叫，
常常叫醒我。

繁与简
雞（鸡）

十 老母雞

老母雞，
喔、喔、喔，
天天下雞蛋，
喔、喔、喔.
雞蛋下一窩.

繁与简
雞（鸡）
喔（喔）
窩（窝）

十一 小小雞

小小雞，
嘰，嘰，嘰，嘰，嘰，嘰，
天天吃白米，
長成大胖雞。

繁与简
雞（鸡） 嘰（叽） 長（长）

十二　小菊

小菊在地下，
雨水來澆他.
澆得小菊心裏怕.
雨水說：「菊弟弟，
你別怕.我不來澆你，
你不會長大」.

繁与简

來（来）澆（浇）裏（里）説（说）會（会）長（长）

小菊慢慢長，
太陽來晒他.
晒得小菊心裏怕.
太陽說:「菊弟弟,
你別怕. 我不來晒你,
你不會開花.」

繁与简
陽（阳）
來（来）
開（开）

小菊開花，

紅，白，黃，

顏色很好，朵兒很大．

菊兒說：「雨水是媽媽，

太陽是爸爸．

好媽媽，好爸爸，

你們快來看，來看我的花．」

繁与简

紅（红）顏（颜）兒（儿）媽（妈）們（们）

十四　小貓和老貓

有兩隻貓：
一隻是老貓，一隻是小貓．
老貓愛小貓，小貓愛老貓．
小貓叫老貓好媽媽，
老貓叫小貓傻孩子．

繁与简
貓（猫）
兩（两）
隻（只）
愛（爱）
媽（妈）

小貓對老貓說：
「好媽媽，你看你看，
看我的腳。
一、二、三、四，四隻腳。
腳有甚麼用呢？」
老貓笑笑說：「傻孩子，
腳會跑的。」
小貓用腳跑跑跑。

繁与简

對（对）說（说）腳（脚）甚（什）麼（么）會（会）

小貓對老貓說：
「好媽媽，你看你看，
看我的眼睛。
眼睛有甚麼用呢？」
老貓笑笑說：「傻孩子，
眼睛可以看的。」
小貓說：「對，對，
我看見好媽媽。」

小貓對老貓說：
「好媽媽，你看、你看，
看我的耳朵。
耳朵有甚麼用呢？」
老貓笑笑說：「傻孩子，
耳朵可以聽的。」
小貓說：「對，對，
我聽見好媽媽說話。」

繁与简
聽（听）
見（见）
話（话）

小貓對老貓說：
「好媽媽，你看，你看，
看我的鼻子。
鼻子有甚麼用呢？」
老貓笑笑說：「傻孩子，
鼻子可以聞老鼠的。」
小貓說：
「老鼠在哪兒？」

繁与简
聞（闻）
兒（儿）

老貓把老鼠捉來.
小貓說:「好媽媽,
我要吃老鼠.
我的小嘴在哪兒?」
老貓笑笑說:「傻孩子,
這不是你的嘴麼?」
老貓沒有說完,
小貓就吃老鼠.

繁与简
來(来)
這(这)

十五　地上一隻貓

地上一隻貓，
不動也不叫。
看見老鼠猛一跳。
用腳抓，用嘴咬，
老鼠要跑跑不了。

繁与简

隻（只）
貓（猫）
動（动）
見（见）
腳（脚）

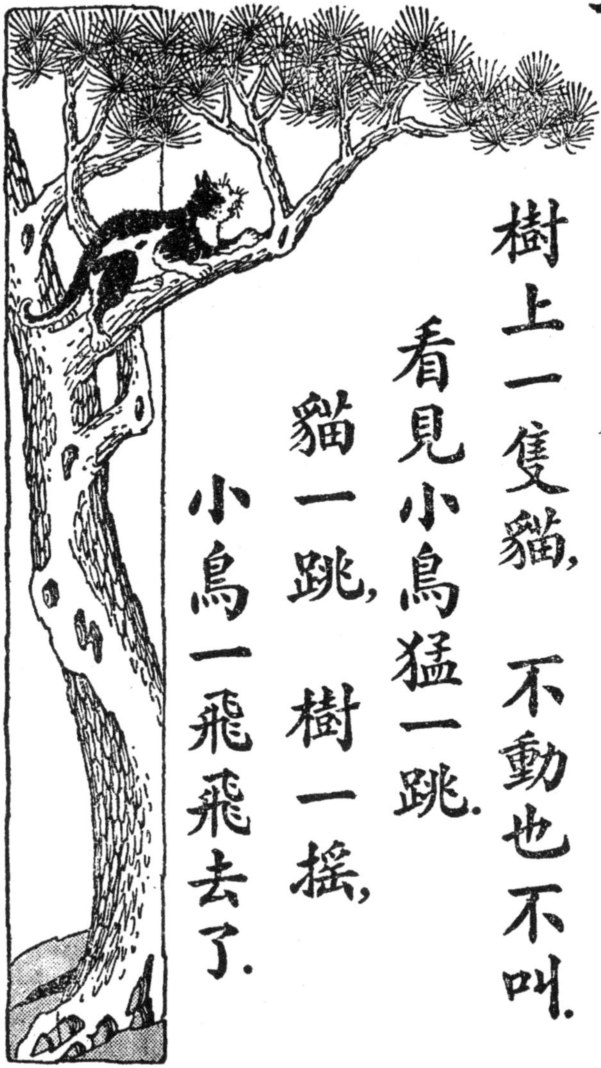

十六　樹上一隻貓

樹上一隻貓，不動也不叫。
看見小鳥猛一跳。
貓一跳，樹一搖，
小鳥一飛飛去了。

繁与简

樹（树）
隻（只）
貓（猫）
動（动）
見（见）
鳥（鸟）
飛（飞）

十八　小黑跑馬

小黑拿竹竿，做跑馬遊戲.
小黑騎了竹竿，跑來跑去，
跳來跳去，跑得很快.
小黑一面跑，一面唱歌，
小黑唱的是甚麼歌？
小黑唱的是竹馬歌.

繁与简

馬（马） 遊（游） 戲（戏） 騎（骑） 來（来） 甚（什） 麼（么）

「跑跑跑，
我的馬，
我的馬，
我的馬，
我的馬，
你們看，
我這馬兒
跳跳跳。
跑得快；
跳得高。
不喝水；
不吃草。
你們瞧，
好不好？」

繁与简

們（们）
這（这）
兒（儿）

十九 騎馬遊戲

小紅和小青，看小黑跑馬。

小紅說：「弟弟，你別跑，我們來做跑馬遊戲。」

小黑說：「好。你做馬頭，我做馬身，叫小青來騎。」

繁与简

騎（骑） 馬（马） 遊（游） 戲（戏） 紅（红） 説（说） 們（们） 來（来） 頭（头）

小紅做馬頭，小黑做馬身，

小青騎在馬身上.

小紅、小黑跑來跑去，跑得很快.

小青說：「我很怕，我不要騎了.」

小黑說：「好，馬也跑不動了.」

小黑猛一蹲，三個人跌在一起，

大家哈哈哈哈笑.

繁与简

動（动）

個（个）

二十 小矮人捉鳥

小矮人，要捉鳥.
看見鳥在地上跳，
他輕輕走過去，
那鳥撲地飛去了.
小矮人，去追鳥.
聽見鳥在草裏叫，
他快快趕上去，
那鳥撲地飛去了.

繁与简

鳥（鸟） 見（见） 輕（轻） 過（过） 撲（扑） 飛（飞） 聽（听） 裏（里） 趕（赶）

小矮人，追那鳥．
看見鳥在屋上跳，
他拿石子一扔，
那鳥撲地飛去了．
小矮人，找那鳥．
聽見鳥在樹上叫，
他趕快爬上樹，
那鳥撲地飛去了．

繁与简

樹（树）

小矮人，爬上樹梢，看見一個鳥窩，
他就去捉小鳥。樹枝斷了，
小矮人，跌一交。手脚跌壞了，
手也不能動，脚也不會跑。

繁与简

個（个） 窩（窝） 斷（断） 脚（脚） 壞（坏） 動（动） 會（会）

二十一　樹上五隻鳥

樹上五隻鳥．風飄飄，

樹枝搖，第一隻鳥飛去了．

樹上四隻鳥．風飄飄，

樹枝搖，第二隻鳥飛去了．

樹上三隻鳥．風飄飄，

樹枝搖，第三隻鳥飛去了．

繁与简

樹（树）　隻（只）　鳥（鸟）　風（风）　飄（飘）　飛（飞）

樹上兩隻鳥. 風飄飄,
樹枝搖, 第四隻鳥飛去了.
樹上一隻鳥. 風飄飄,
樹枝搖, 第五隻鳥飛去了.
樹上沒有鳥. 風飄飄,
樹枝搖, 只有空窩在樹梢.

繁与简

兩（两）
窩（窝）

二十二 小老頭做年糕

小老頭拿了白米，請小猪來磨粉.
小猪說:「我不來.」
請小牛來磨粉.
小牛說:「我也不來.」
請小狗來磨粉.
小狗說:「我也不來.」
小老頭說:「好，你們不來磨，我來磨罷.」

繁与简
頭（头） 請（请） 說（说） 來（来） 們（们） 罷（罢）

小老頭磨好了粉，
請小豬來做年糕.
小豬說：「我沒有工夫」.
請小牛來做年糕.
小牛說：「我也沒有工夫」.
請小狗來做年糕，
小狗說：「我也沒有工夫」.
小老頭說：「好，
你們不做，我來做罷」.

小老頭做了年糕，
小猪說：「我可以吃一點麼？」
小老頭搖搖頭。
小牛說：「我可以吃一點麼？」
小老頭擺擺手。
小狗說：「我可以吃一點麼？」
小老頭笑笑。
小老頭說：「我做工，有糕吃。
你們不做工，只好看我吃。」

繁与简
點（点）
麼（么）
擺（摆）

二十三　猜謎兒

媽媽拿了書對小紅說：「小紅，快來讀書。」

小紅說：「好媽媽，我不讀書，我們猜謎兒罷。」

媽媽說：「好，我們就猜謎兒。你說，我來猜。」

繁与简

謎（谜）
兒（儿）
媽（妈）
書（书）
對（对）
紅（红）
説（说）
讀（读）
們（们）
罷（罢）
來（来）

小紅說：「媽媽，請你聽！
「推呀推，拉呀拉。
石山眼裏灌白米，
石山肚裏飛雪花。」
這是甚麼呢？」
媽媽笑笑說：
「這是磨粉的□□。」

繁与简
請（请）　聽（听）　裏（里）　飛（飞）　這（这）　甚（什）　麽（么）

小紅說：「媽媽，
請你說，我來猜。」
媽媽說：「好，
我寫給你看罷。」
媽媽把謎兒寫在下面。

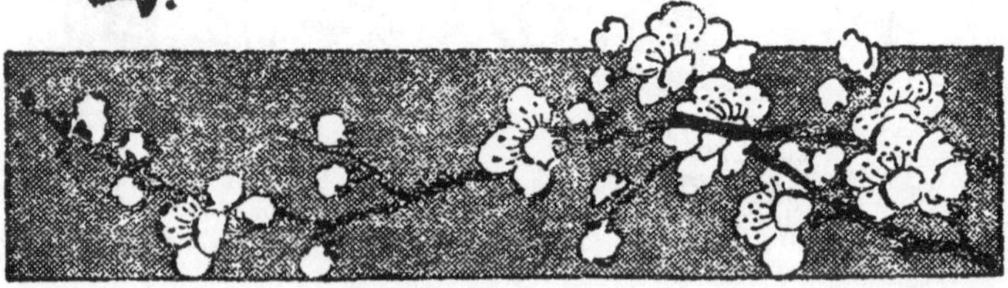

繁与简
寫（写）
給（给）

飛一片，飛一片，
兩片、三片、四五片，
六片、七片、八九片．
飛滿地，飛滿天，
飛到水裏看不見．

繁与简
兩（两）
滿（满）
見（见）

一個胖小孩，
頭大滿身白。
不怕風飄飄，
只怕太陽晒。
他是甚麼人？
請你用心猜。
要是不能猜，

請你畫起來。

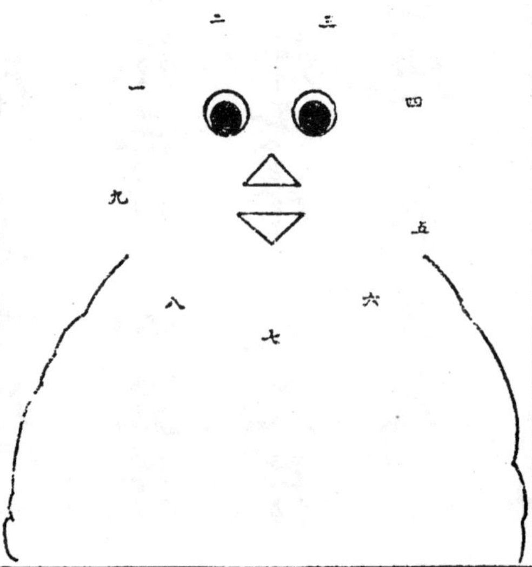

（這是□□）

繁与简

個（个） 頭（头） 滿（满） 風（风） 飄（飘） 陽（阳） 甚（什） 麼（么） 請（请） 畫（画） 這（这）

第二册

哥哥弟弟

這是哥哥，叫小平。

這是弟弟，叫小新。

哥哥弟弟的玩具

這是不倒翁。

這是小皮毬。

這是泥娃娃。

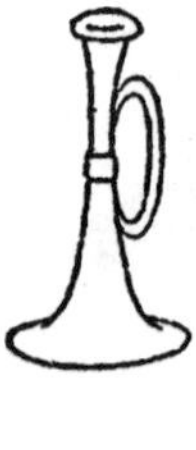

這是小喇叭。

繁与简

這（这）

毬（球）

一 玩具謎兒

小新說：「哥哥，我有一個玩具，你猜是甚麼？」

小平說：「弟弟，我也有一個玩具，你猜是甚麼？」

小新說：「你先猜我的，我再猜你的。」

小平說：「好，我們一個一個猜，我猜一個，你也猜一個。」

繁与简

謎（儿） 說（说） 個（个） 甚（什） 麼（么） 們（们）

小新說：「我有一個矮公公，要他睡覺他不睡，把他一推他一動。你猜，這個玩具是甚麼？」

小平笑笑說：「我猜，這個矮公公，就是□□□。」

（小喇叭　小皮毬　泥娃娃　不倒翁）

繁与简

覺（觉）　動（动）　這（这）　毬（球）

小平說：「我有一個小啞吧，黑眼睛，紅嘴巴，笑嬉嬉，不說話，小孩看見都愛他．你猜，這個玩具是甚麼？」

小新笑笑說：「我猜，這個小啞吧，就是□□□」．

（小喇叭　小皮毬　泥娃娃　不倒翁）

繁与简

啞（哑）　紅（红）　見（见）　愛（爱）

小新說：「我有一個小娃娃，一張嘴巴小，一張嘴巴大，說起話來哇打打。你猜，這個玩具是甚麼？」

小平笑笑說：「我猜，這個小娃娃，就是□□□。」

（小喇叭　小皮毬　泥娃娃　不倒翁）

繁与简

張（张）

話（话）

小平說：「我有一個小朋友，沒有腳也沒有手，眼、耳、口、鼻、全沒有。打他他就跳，踢他他就溜。你猜，這個玩具是甚麼？」

小新笑笑說：「我猜，這個小朋友，就是□□□。」

（小喇叭　小皮毬　泥娃娃　不倒翁）

繁与简

腳（脚）

二 開玩具會

哥哥、姐姐、弟弟、妹妹，許多小朋友，拿了玩具，來開玩具會。

不倒翁站，泥娃娃睡，皮毬、喇叭一大堆。

小貓、小狗，也是他們的好寶貝。

繁与简

開（开） 會（会） 許（许） 毬（球） 貓（猫） 們（们） 寶（宝） 貝（贝）

這是冬天的樣子：
樹上不開花，不長葉子；
地上没有蟲，也没有草。
（地上黃顏色）

春天的花
（上紅顏色）

春天的蟲
（上黃顏色）

春天的樹葉
（上綠顏色）

春天的草
（上青顏色）

繁与简

這（这）　樣（样）　樹（树）　開（开）　長（长）　葉（叶）　蟲（虫）　顏（颜）　紅（红）　綠（绿）

八 冬老人

冬老人，年紀老．他帶著冷的風，呼呼地跑．

他不愛花和葉，也不愛蟲和草．他說：「我來了，我來了，你們快去睡覺！」

花和葉，蟲和草，看見他來，就都睡了．

繁与简

紀（纪） 帶（带） 風（风） 愛（爱） 葉（叶） 蟲（虫） 説（说） 來（来） 們（们） 覺（觉） 見（见）

九 春姑娘

春姑娘.年紀小.他帶著暖的風,飄飄地跑.他很愛花和葉,也很愛蟲和草.他說:「我來了,我來了,你們別再睡覺」!花和葉,蟲和草,聽見他叫,就都醒了.

繁与简

紀(纪) 帶(带) 風(风) 飄(飘) 愛(爱) 葉(叶) 蟲(虫) 説(说) 來(来) 們(们) 覺(觉) 聽(听)

十 春姑娘嚇倒冬老人

春姑娘來了,冬老人很氣惱,吹著冷的風,要把春姑娘嚇跑.春姑娘一笑,暖的風飄飄,暖的太陽出來照,嚇得冬老人一交跌倒.

冬老人逃走了.花和葉,蟲和草,大家都笑,鳥也出來叫.

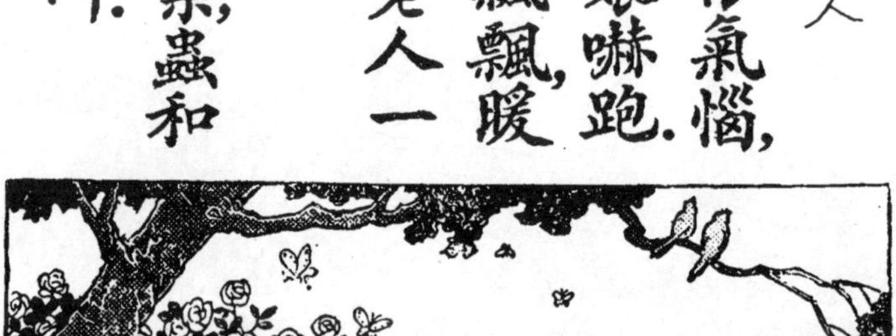

繁与简

嚇(吓) 來(来) 氣(气) 惱(恼) 風(风) 飄(飘) 陽(阳) 葉(叶) 蟲(虫) 鳥(鸟)

十一 三個蝴蝶

紅蝴蝶，白蝴蝶，黃蝴蝶，三個蝴蝶在一起。你愛我，我愛你，飛來飛去同遊戲。

風飄飄，雨淒淒，三個蝴蝶沒有家，飛到哪兒去躲避？

繁与简

個（个） 愛（爱） 飛（飞） 遊（游） 戲（戏） 風（风） 飄（飘） 淒（凄） 兒（儿）

三個蝴蝶不分離，要想躲
在紅花裏，紅花說：「紅姑娘，你
進來，別的蝴蝶不可以。」

三個蝴蝶不分離，要想躲
在白花裏，白花說：「白姑娘，你
進來，別的蝴蝶不可以。」

繁与简

離（离）
紅（红）
裏（里）
説（说）
進（进）
來（来）

三個蝴蝶不分離，要想躲在黃花裏。黃花說：「黃姑娘，你進來，別的蝴蝶不可以。」

風飄飄，雨淒淒，三個蝴蝶不分離。飛到東，飛到西，沒有地方可以去躲避。

繁与简

東（东）

風飄飄，雨淒淒，三個蝴蝶，跌在青草地，滿身雨水滿身泥。太陽看見了，忙說：「蝴蝶蝴蝶我救你。」他就放出光來，把蝴蝶救起。

三個蝴蝶不分離，你愛我，我愛你，同在太陽光裏飛，太陽看了很歡喜。

繁与简

滿（满）　陽（阳）　見（见）　來（来）　歡（欢）

上紅顏色，

下面寫：

這是「　」。

上黃顏色，

下面寫：

這是「　」。

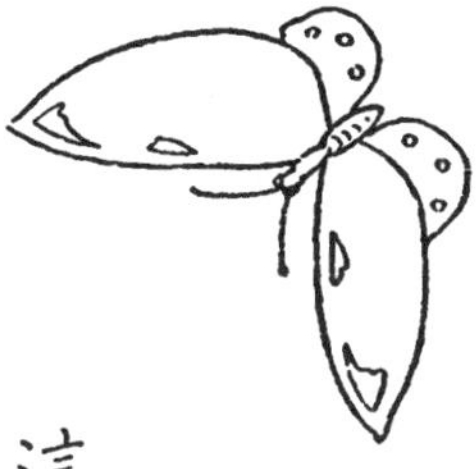

不上顏色，

下面寫：

這是「　」。

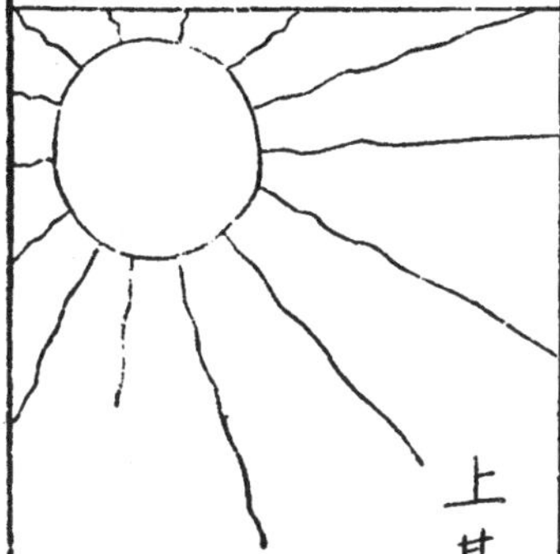

上甚麼顏色？

下面寫甚麼字？

繁与简

紅（红）　顏（颜）　寫（写）　這（这）　甚（什）　麼（么）

十三 小蜜蜂

沒有雨，沒有風，菜花黃、桃花紅。

花裏許多小蜜蜂，「嗡、嗡、嗡，嗡、嗡、嗡」飛到西，飛到東，一天到晚忙做工。

做成許多蜜，可以過寒冬。

繁与简

風（风） 紅（红） 裏（里） 許（许） 飛（飞） 東（东） 過（过）

十三 蝴蝶和蜜蜂

在春天，蝴蝶遊玩很空閒。看見蜜蜂做工忙，他說：「蜜蜂真可憐！」

到冬天，蜜蜂吃蜜蜜很甜。看見蝴蝶餓得苦，他說：「蝴蝶真可憐！」

繁与简

遊（游） 閒（闲） 見（见） 說（说） 憐（怜） 餓（饿）

十四 上課和遊玩

天氣很暖和.花園裏,真快樂.蝴蝶跳舞鳥唱歌.小朋友們快快來上課!

天氣很和暖.田野中,真好看.綠的河水青的山.小朋友們快快去遊玩!

繁与简

課（课） 遊（游） 氣（气） 園（园） 裏（里） 樂（乐） 鳥（鸟） 們（们） 來（来） 綠（绿）

十五　小黑子的生長

小黑子在河裏.黑魚游來,要吃他.小黑子說:「別吃別吃,我很小,請你下次來吃罷.」黑魚說:「好啦.」尾巴一搖,就到別的地方去了.

繁与简

長（长）裏（里）魚（鱼）來（来）說（说）請（请）罷（罢）

小黑子長成小蝌蚪.黑魚游來,要吃他.小蝌蚪說:「別吃別吃,我還沒有長大,請你下次來吃罷.」

黑魚說:「好啦.」尾巴一搖,就到別的地方去了.

繁与简

還（还）

小蝌蚪長了兩隻後腳.
黑魚游來,要吃他.小蝌蚪說:「我很瘦.請你下次來吃罷.」
黑魚說:「好啦.」尾巴一搖,就到別的地方去了.

繁与简
兩(两)　隻(只)　後(后)　腳(脚)

小蝌蚪長了兩隻前脚，黑魚游來，要吃他．小蝌蚪說：「我還沒有胖，請你下次來吃罷．」

黑魚說：「好啦．」尾巴一搖，就到別的地方去了．

小蝌蚪變成小青蛙.黑魚游來,要吃他.小青蛙說:「我還不很胖,請你過幾天來吃罷.」

黑魚說:「不成,我要吃你了!」小青蛙說:「那麼再見罷.」他就撲地一跳,跳到河岸上,躲在青草裏.

繁与简

變(变) 過(过) 幾(几) 麼(么) 見(见) 撲(扑)

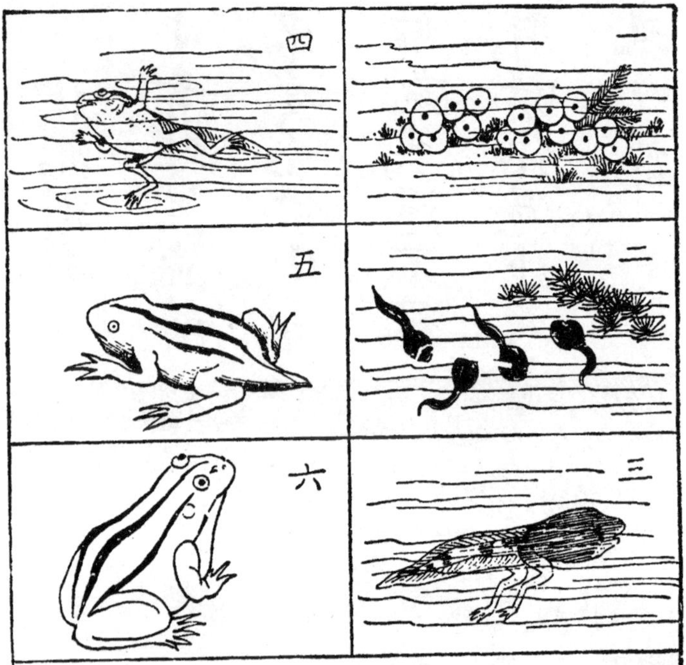

哪一句句子寫在哪
一個圖上？
這是小黑子（ ）
小蝌蚪先長後腳（ ）
小黑子長成蝌蚪（ ）
小蝌蚪再長前腳（ ）
小蝌蚪的尾巴快要
沒有了（ ）
小蝌蚪長成小青蛙（ ）

繁与简

寫（写） 個（个） 圖（图） 這（这）

十六　綠衣孩子

綠衣孩子草裏躲，
沒有狗大學狗坐。
肚皮大，
嘴巴闊，
看見小蟲就要捉，
唱起歌來嘓嘓嘓。

繁与简

綠（绿）
裏（里）
學（学）
闊（阔）
蟲（虫）
來（来）
嘓（啯）

十七　畫老鼠尾巴

老師在黑板上，畫一隻很大的老鼠，沒有畫尾巴。

老師對小朋友們說：「這個尾巴，請你們來畫罷。畫的人，蒙著眼睛，拿了粉筆，站在黑板前面，把尾巴畫上去，要畫得很對。」

小朋友們都要去畫。老師說：「好，你們一個一個來畫罷。」

繁与简

畫（画）師（师）隻（只）對（对）們（们）說（说）這（这）個（个）請（请）來（来）罷（罢）筆（笔）

老師先叫小平去畫。小平蒙著眼睛，拿了粉筆，站在黑板前面，兩隻小手，摸來摸去，不知道畫在甚麼地方好。後來，他畫了；一畫，畫在老鼠的頭上。

小朋友們全笑起來。都說：「老鼠尾巴生在老鼠頭上了！」

繁与简

兩（两）
隻（只）
甚（什）
麽（么）
後（后）
頭（头）

老師再叫小玉去畫．小玉也蒙著眼睛，拿了粉筆，站在黑板前面，兩隻小手，摸上摸下，不知道畫在甚麼地方好．後來，他畫了；一畫，畫在老鼠的背上．

大家又笑起來，都說：「老鼠背上生了一個尾巴嘞！」

別的小朋友去畫，也沒有一個畫對的。

大家請老師畫。老師就也蒙著眼睛，拿了粉筆畫起來。

老師先用手，把黑板的上、下、兩旁摸清楚了，再用粉筆一畫，把老鼠尾巴畫在老鼠的身後。可是沒有連在老鼠的身上。

大家笑著說：「老鼠的尾巴掉啦！」老師解開手巾一看，也呵呵呵呵笑起來。

繁与简

連（连）

開（开）

十八 我要問問你

黑魚身上滑溜溜，沒有腳也沒有手。我要問問你，你在河裏怎麼走？

青蛙四腳前腳高，後腳著地坐得牢。我要問問你，你在地上怎麼跑？

白鶴長長腳一對，不能坐也不能跪。我要問問你，你在晚上怎麼睡？

繁与简

問（问） 魚（鱼） 腳（脚） 裏（里） 麼（么） 後（后） 鶴（鹤） 長（长） 對（对）

十九　蠶姑娘

又黑又小的蠶姑娘，吃了幾天桑葉，睡著在蠶牀上。不吃也不動，脫下黑衣裳。醒了，醒了，變成個黃姑娘。

又黃又瘦的蠶姑娘，吃了幾天桑葉，睡著在蠶牀上。不吃也不動，脫下黃衣裳。醒了，醒了，變成個白姑娘。

繁与简

蠶（蚕）幾（几）葉（叶）牀（床）動（动）變（变）個（个）

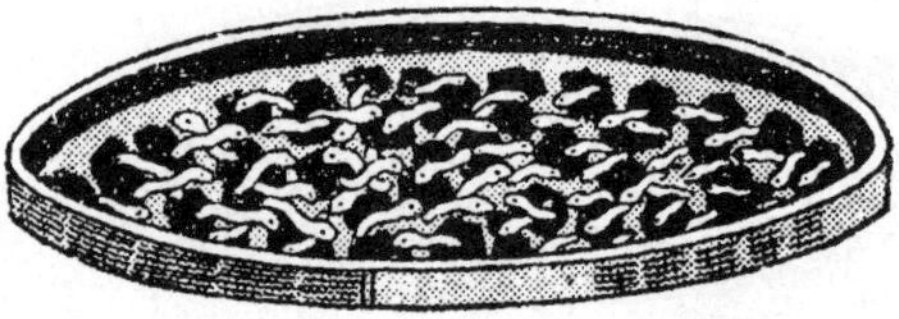

白白嫩嫩的蠶姑娘，吃了幾天桑葉，又睡在蠶牀上，脫下舊衣裳，換上新衣裳。醒了，醒了，身體慢慢地胖。

白白胖胖的蠶姑娘，吃了幾天桑葉，又睡在蠶牀上，脫下舊衣裳，換上新衣裳。醒了，醒了，身體慢慢地亮。

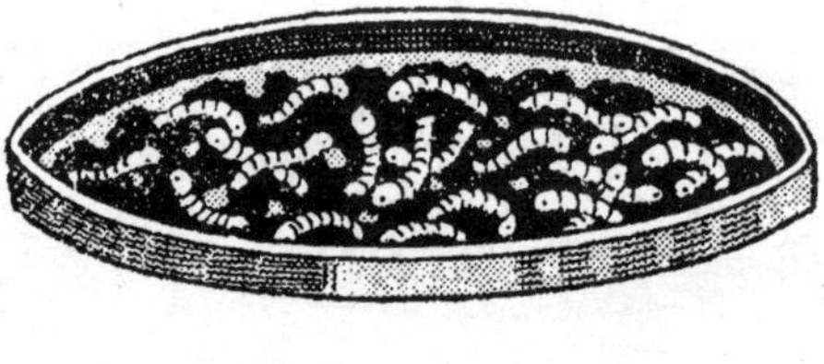

繁与简

舊（旧）

體（体）

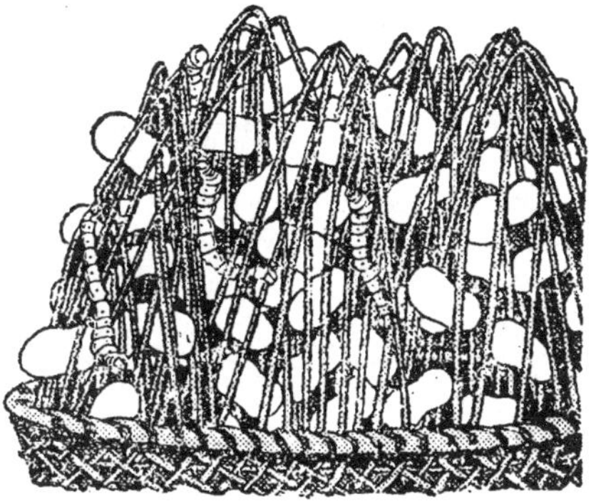

睡過四次的蠶姑娘，吃了幾天桑葉，他爬在蠶山上，吐出白絲來，做成新的牀，睡了，睡了，又睡在新牀上。

繭子裏頭的蠶姑娘，不知他怎麼樣，一點兒也不響。過了好多天，繭子開個窗，變了，變了，變了，變成了蠶的娘。

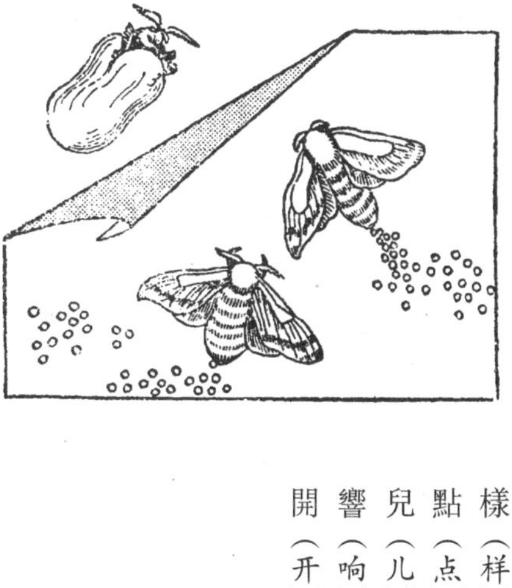

繁与简

過（过）絲（丝）繭（茧）裏（里）頭（头）麼（么）樣（样）點（点）兒（儿）響（响）開（开）

二十　蛙吞青蛾鶴吞蛇

青蛾在稻葉上爬．青蛙說：「農人種的稻，你別傷害他！」青蛾不聽話，青蛙張嘴巴，就把青蛾活吞下．

白蛇要捉小青蛙．白鶴說：「捉害蟲的蛙，你別傷害他！」白蛇不聽話，白鶴張嘴巴，就把白蛇活吞下．

繁与简

鶴（鹤）
葉（叶）
説（说）
農（农）
種（种）
傷（伤）
聽（听）
話（话）
張（张）
蟲（虫）

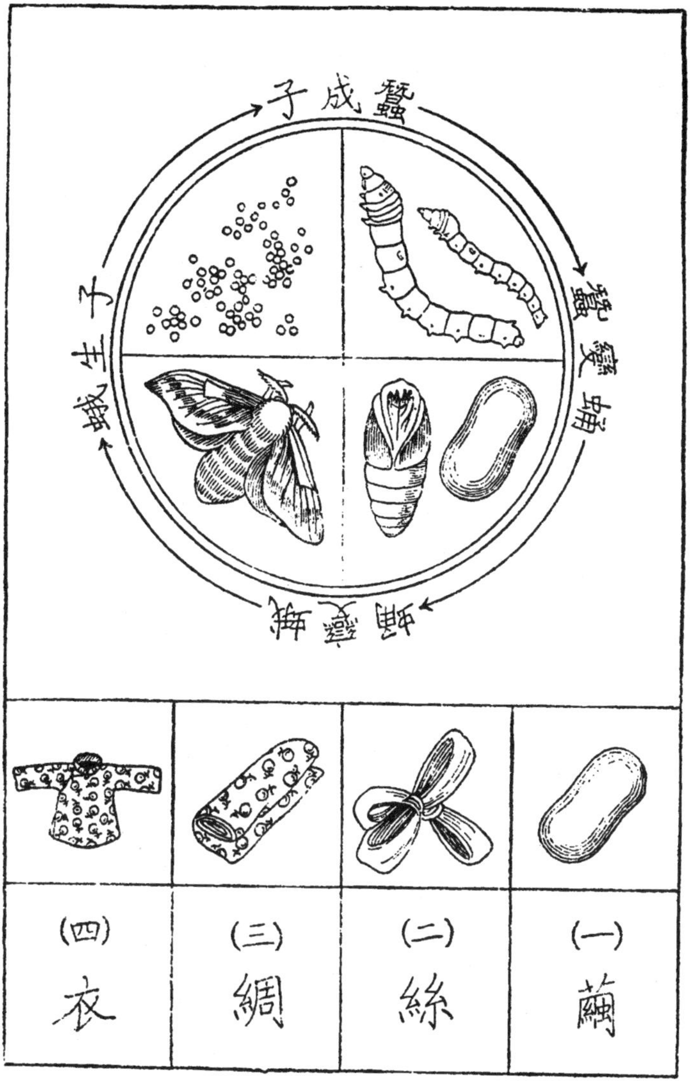

繁与简

蠶（蚕）

變（变）

繭（茧）

絲（丝）

綢（绸）

二十三　甚麼鳥

請你猜，請你瞧，這是甚麼鳥？樣子像剪刀．他做甚麼事，飛來飛去叫？

我來瞧，我來猜，這是老燕子，飛到家裏來．銜草又銜泥，做窩養小孩．

繁与简

甚（什）　麽（么）　鳥（鸟）　請（请）　這（这）　樣（样）　飛（飞）　來（来）　裏（里）　銜（衔）　窩（窝）　養（养）

二十三　鳥的賽會

鳥兒一對對，大家來賽會。
雞賽跑，鴿賽飛，
麻雀賽跳舞，
鵝鴨賽游水。
賽唱歌的是誰？
燕姑娘和鶯妹妹。

繁与简

鳥（鸟）　賽（赛）　會（会）　兒（儿）　對（对）　來（来）　雞（鸡）　鴿（鸽）　飛（飞）　鵝（鹅）　鴨（鸭）　誰（谁）　鶯（莺）

二十四 小蟲打倒老公雞

老公雞喜歡吃小蟲.

有一天,蜜蜂、蝴蝶、蜘蛛、蜈蚣、螳螂許多小蟲,都到草堆裏來開會.

蜜蜂站起來說:「老公雞常常傷害我們,我想打倒他,你們有甚麼法子呢?」大家說:「有、有、有!」

蜜蜂請他們一個一個說.

繁与简

蟲(虫) 雞(鸡) 歡(欢) 許(许) 裏(里) 來(来) 開(开) 會(会) 說(说) 傷(伤) 們(们) 甚(什) 麼(么) 請(请) 個(个)

蝴蝶搧著翅膀，站起來說：「我翅膀上有許多毒粉，可以毒瞎老公雞的眼睛.」

蜘蛛拍拍肚子，站起來說：「我肚子裏有許多絲，可以拿出來綁老公雞的腳.」

繁与简

搧（扇）　絲（丝）　綁（绑）　腳（脚）

蜈蚣擺著頭，站起來說：「我嘴裏有一把剪子，可以剪老公雞的肉。」螳螂舞著刀，站起來說：「我身上有兩把快刀，可以砍老公雞的頭。」說完了，大家問蜜蜂：「你有甚麼好法子呢？」蜜蜂不說，大家笑蜜蜂沒有用。

繁与简

擺（摆）　頭（头）　兩（两）　問（问）

老公雞聽見聲音，跑來看看．蝴蝶、蜘蛛、蜈蚣、螳螂都很害怕．

老公雞要吃蜜蜂，蜜蜂飛起來，用毒針去刺老公雞的頭．老公雞刺痛了，一面哭一面逃走．

蝴蝶、蜘蛛、蜈蚣、螳螂，看見老公雞逃走，都很快樂．大家對蜜蜂說：「蜜蜂哥，你真有用！」

繁与简

聽（听） 見（见） 聲（声） 飛（飞） 針（针） 樂（乐） 對（对）

二十五　夏天的早晚

夏天早上好，
天空多少鳥，
請你算，你可算得了？
夏天晚上晴，
天空多少星，
請你數，你可數得清？

繁与简
鳥（鸟）
請（请）
數（数）

二六　找小雞姑娘

老母雞，嘓嘓叫，翹著尾巴四面跑．

東找找，西找找，「哎呀，十個姑娘不見了．」

大姑娘，撲撲跳，花園門口吃青草．

老母雞，走來找，「哈哈，一個姑娘找到了．」

二姑娘，嘰嘰叫，菜田裏面找食料．

老母雞，走來找，「哈哈，兩個姑娘找到了．」

繁与简

雞（鸡）　嘓（啯）　翹（翘）　東（东）　個（个）　見（见）　撲（扑）　園（园）　門（门）　來（来）　嘰（叽）　裏（里）　兩（两）

三姑娘，身體好，運動場上練賽跑．
老母雞，走來找，「哈哈，三個姑娘找到了」．
四姑娘，膽不小，籬笆上面學跳高．
老母雞，走來找，「哈哈，四個姑娘找到了」．
五姑娘，喜歡跳，跟著青蛙跳過橋．
老母雞，走來找，「哈哈，五個姑娘找到了」．

繁与简

體（体） 運（运） 動（动） 場（场） 練（练） 賽（赛） 膽（胆） 籬（篱） 學（学） 歡（欢） 過（过） 橋（桥）

六姑娘，聲音好，樹林裏面學鳥叫。
老母雞，走來找，「哈哈，六個姑娘找到了」。
七姑娘，本領高，坐著小船河裏摇。
老母雞，走來找，「哈哈，七個姑娘找到了」。
八姑娘，真可笑，騎着山羊場上跑。
老母雞，走來找，「哈哈，八個姑娘找到了」。

繁与简
聲（声） 樹（树） 鳥（鸟） 領（领） 騎（骑）

九姑娘，很小巧，看見老鷹洞裏逃。

老母雞，走來找，「哈哈，九個姑娘找到了」

十姑娘，玩累了，蹲在草裏睡午覺。

老母雞，走來找，「哈哈，十個姑娘找到了。」

老母雞，嘓嘓叫，十個姑娘跟著跑。

跳的跳，笑的笑，大家歡歡喜喜回去了。

繁与简

鷹（鹰）

覺（觉）

二十七 老鷹捉小雞

許多小朋友，玩老鷹捉小雞．飛飛站在前面，做老鷹；小玉撐著手臂，做老母雞；別的人都拉著衣裳，跟在小玉的背後，做小雞．飛飛叫「一 二 三！」大家就玩起來了．

老鷹要捉小雞，老母雞攔住老鷹，小雞在後面逃避．大家拐來拐去跑．後來，老鷹搶過去，把末了一隻小雞抓住．

繁与简

鷹（鹰） 雞（鸡） 許（许） 飛（飞） 撐（撑） 後（后） 攔（拦） 搶（抢） 過（过） 隻（只）

老鷹再捉別的小雞，老母雞照樣攔，小雞照樣逃．後來．老鷹又把在末了的一隻小雞抓住．……這樣玩，老鷹把小雞全抓住了．

老鷹吃小雞，拉拉這隻小雞的鼻子說：「你的鼻子很香！」拉拉那隻小雞的耳朵說：「你的耳朵很鮮！」……小雞都呵呵呵呵笑．

玩完了，大家又叫小平做老鷹，飛飛做老母雞，照樣玩下去．

繁与简

樣（样）
這（这）
說（说）
鮮（鲜）

二六 風雲雷雨

大風吹，黑雲飛，
閃閃的電光，轟轟的雷，
滿天的大雨，滿地的水。
你們這樣熱鬧，
開的是甚麼會？

繁与简

風（风） 雲（云） 飛（飞） 閃（闪） 電（电） 轟（轰） 滿（满） 們（们） 這（这） 樣（样） 熱（热） 鬧（闹） 開（开） 甚（什） 麼（么） 會（会）

天下大雨,
一隻小雞不見了.
他在哪兒呢?
趕快找罷!
把寫1的上綠顏色;
把寫2的上紅顏色;
把寫3的上黃顏色;
不寫字的不上顏色.

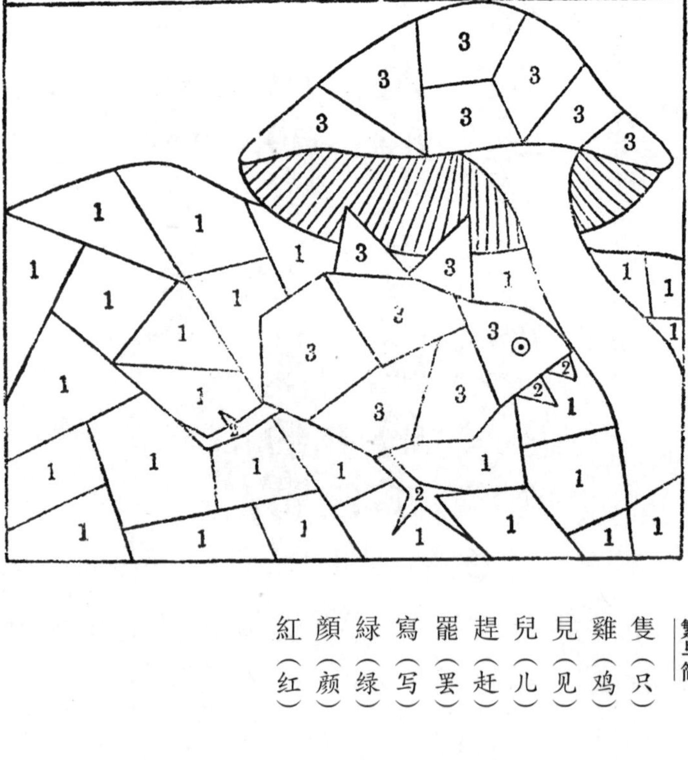

繁与简

隻(只) 雞(鸡) 見(见) 兒(儿) 趕(赶) 罷(罢) 寫(写) 緑(绿) 顏(颜) 紅(红)

第三册

二　搶四方

小新、小平、小玉、彩雲、晴秋，五個小朋友，在場上遊戲，玩「搶四方」。

小新、小平、小玉、彩雲，一個人站在東面，一個人站在南面，一個人站在西面，一個人站在北面，做守方

繁与简
搶（抢）
雲（云）
個（个）
場（场）
遊（游）
戲（戏）
東（东）

向的人.晴秋站在中間,做搶方向的人.

守方向的人,跑來跑去換方向,換得很快.搶方向的人,拐來拐去搶方向,搶得很忙.玩了多時,晴秋搶不到方向.

晴秋站著不動.小玉很放心,慢慢地跑.晴秋猛地跳過去,把小玉的方向搶到.

小玉失了方向,就也站在中間,做搶方向的人,照樣玩下去.

繁与简

間(间)
來(来)
時(时)
動(动)
過(过)
樣(样)

三 雞冠花

春天，地上有一粒黑顏色的小種子．小雞要想吃他．老公雞說：「別吃，別吃！他也許會長出甚麼東西來．」

夏天，那種子長成了青顏色的小植物．母雞要想啄他．老公雞說：「別啄，別啄！他也許

繁与简

雞（鸡） 顏（颜） 種（种） 説（说） 許（许） 會（会） 長（长） 甚（什） 麼（么） 東（东） 來（来）

會開出花來.」

到秋天,小植物開了紅顏色的花.老公雞心裏很歡喜,請小雞母雞都來看.

小雞母雞看了花,都說:「啊!這是你的帽子呀.」老公雞笑笑說:「不是.這叫雞冠花.花的樣子,很像我的帽子.」

繁与简

開(开)　紅(红)　裏(里)　歡(欢)　請(请)　這(这)　樣(样)

四　牽牛花爬樹

有一隻鳥,在樹上的窩裏生病,心裏很不高興,要想看看樹下的花.

第一次,他叫著說:「鳳仙姑娘,你能上來麼?我想看看你.」鳳仙花聽了,站在樹下,一聲也不應.

第二次,他又叫著說:「雞冠先生,你能上來麼?我想看看你.」雞冠花聽了,把頭一搖,

繁与简

牽(牵) 樹(树) 隻(只) 鳥(鸟) 窩(窝) 裏(里) 興(兴) 説(说) 鳳(凤) 麼(么) 來(来) 聽(听) 聲(声) 應(应) 雞(鸡) 頭(头)

也一聲不應.
第三次、第四次、他叫別的花,別的花都是這樣.鳥就哼著說:「唉!我病了,他們都不睬我了!」牽牛花聽了,很可憐他,就慢慢地爬上樹去,給那鳥看.那鳥看了,心裏很快樂.

繁与简
這(这)　樣(样)　們(们)　憐(怜)　給(给)　樂(乐)

五　蟋蟀王

有一個老蟋蟀，常常和別的蟋蟀打架。

有一次，他和黃蟋蟀打架，咬傷黃蟋蟀的嘴巴。黃蟋蟀逃走了，他就說：「瞿、瞿、瞿！我是蟋蟀王。」

有一次，他和紅蟋蟀打架，咬傷紅蟋蟀的脚。紅蟋蟀逃走了，他就說：「瞿、瞿、瞿！我是蟋蟀王。」

繁与简

個（个）　傷（伤）　説（说）　紅（红）　脚（脚）

有一次，他和黑蟋蟀打架，咬傷黑蟋蟀的翅膀。黑蟋蟀逃走了，他就說：「瞿、瞿、瞿！我是蟋蟀王。」蜻蜓在旁邊，聽了一笑。蟋蟀王很生氣，大聲說：「你敢笑我嗎？」他就跳過去咬蜻蜓。蜻蜓飛到河面上去，蟋蟀王也跳到河面上去，撲地掉在水裏。

繁与简

邊（边） 聽（听） 氣（气） 聲（声） 嗎（吗） 過（过） 飛（飞） 撲（扑） 裏（里）

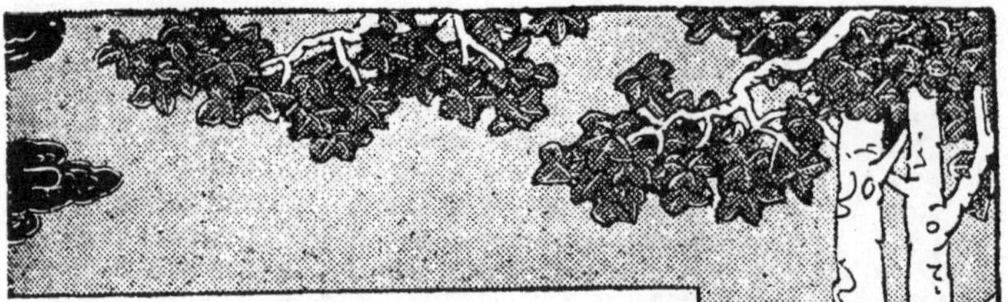

六　小蟲的音樂會

秋天晚上晴．
　樹林裏，聲音清：
紡紗娘，「沙拉，沙拉」！
金鈴子，「的鈴，的鈴」！

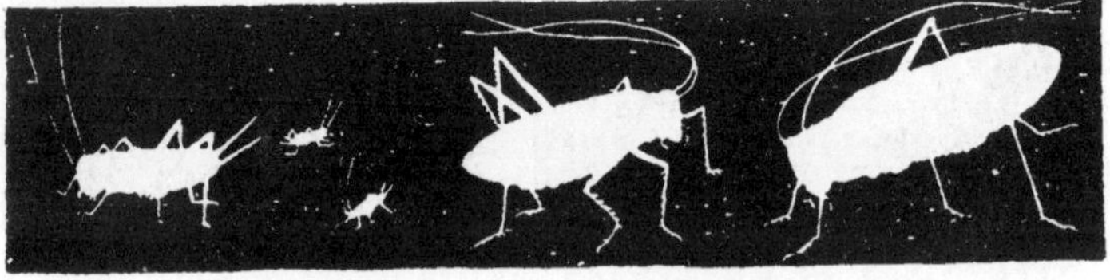

繁与简

蟲（虫）樂（乐）會（会）樹（树）裏（里）聲（声）紡（纺）紗（纱）鈴（铃）

蟋蟀「瞿、瞿、瞿」，
唱歌不肯停。
小蟲們大開音樂會，
月亮姑娘出來聽。

繁与简

們（们）
開（开）
來（来）
聽（听）

九 月宫歌

碧青的天空，
白亮的月宫，
銀做的門窗，
玉做的屏風。
外面有桂花香氣濃，
兔兒爺、眼睛紅；

繁与简

銀（银） 門（门） 風（风） 氣（气） 濃（浓） 兒（儿） 爺（爷） 紅（红）

裏面有仙女、仙童，
唱歌跳舞樂融融。
小朋友呀！
你別說、
月宮路遠不能通，
這月宮、
就在你的睡夢中。

繁与简

裏（里） 樂（乐） 說（说） 遠（远） 這（这） 夢（梦）

十三 瞎偵探

晚上，彩雲、晴秋，在場上玩．小新、小平、小玉、飛飛，也來了．彩雲說：「我們玩『瞎偵探』罷！」小平說：「怎麼樣玩呢？」小新說：「我知道，我知道！……」彩雲說：「不用多說，請你們跟我來玩罷．」彩雲請小新蒙着眼睛，坐在

繁与简

偵（侦） 雲（云） 場（场） 飛（飞） 來（来） 説（说） 們（们） 罷（罢） 麼（么） 樣（样）

一邊，做瞎偵探，自己坐在瞎偵探的旁邊，叫別的人，各做一種樣子，一個一個走，走過瞎偵探的前面，請瞎偵探留心聽。

小玉說：「叫我們做甚麼樣子呢？」彩雲說：「做駝背也好，做顛腳也好，……你們自己歡喜做甚麼，就做甚麼。」

繁与简

邊（边）　種（种）　個（个）　過（过）　請（请）　聽（听）　甚（什）　駝（驼）　顛（颠）　腳（脚）　歡（欢）

第一個人裝着駝背走過去.彩雲告訴小新說:「瞎偵探,駝背走過了.」小新點點頭.

第二個人裝着顛脚走過去.彩雲告訴小新說:「瞎偵探,顛脚兒走過了.」小新又點點頭.

第三個人裝着打鳥的樣子走過去.彩雲告訴小新說:「打鳥的走過了.」小新也點點頭.

繁与简

裝(装) 訴(诉) 點(点) 頭(头) 兒(儿) 鳥(鸟)

第四個人裝著望月亮的樣子走過去，彩雲告訴小新說：「望月亮的走過了。」小新笑笑。

大家走完了。小新解開手巾，瞧走過的人。彩雲說：「瞎偵探，你要拿誰呢？」小新說：「我要拿望月亮的。」大家問：「是誰？」小新用手一指說：「是他。」大家看是小玉，全笑起來說：「對啦！」

繁与简

開（开）　誰（谁）　問（问）　對（对）

十三　預備過冬

青蛙在樹底下打洞。燕子飛來，問他說：「青蛙先生，你忙甚麼呢？」青蛙指著洞，說：「你看哪！我在這兒造房子呢。過幾時我要睡在這房子裏過冬。」

花蛇在田岸邊打洞。燕子飛來，問他說：「花蛇兄，你在這兒做甚麼呢？」花蛇指著洞，說：「我也預

繁与简

預（预）備（备）過（过）樹（树）飛（飞）來（来）問（问）説（说）甚（什）麼（么）這（这）兒（儿）幾（几）時（时）裏（里）邊（边）

備過冬呢.你看,這是我的房子啊!」

蜜蜂在花裏採蜜.燕子飛來,問他說:「蜜蜂姑娘,你不預備過冬麼?」蜜蜂指著蜂房說:「誰說我不預備呢?這不是我的房子麼?」

燕子聽見大家都預備過冬,他就趕快回去,帶著他的妻子,飛到暖的地方去.

繁与简

採(采)　誰(谁)　聽(听)　見(见)　趕(赶)　帶(带)

十四　十顆小豆兒

十顆小豆兒，同在殼裏鬧．
一顆不留心，撲地直向地下掉．

九顆小豆兒，大家還很吵．
小孩跑過來，拈了一顆微微笑．

八顆小豆兒，心裏撲撲跳．
毛蟲爬過來，銜去一顆當食料．

繁与简

顆（颗）　兒（儿）　殼（壳）　裏（里）　鬧（闹）　撲（扑）　還（还）　過（过）　來（来）　蟲（虫）　銜（衔）　當（当）

七顆小豆兒，嚇得大聲叫．

鳥兒聽見了，也來啄了一顆跑．

六顆小豆兒，個個都哭倒．

老鼠不留情，又把一顆來吃了．

五顆小豆兒，眼淚哭乾了．

雨水打下來，一顆跟著雨水漂．

四顆小豆兒，心裏很氣惱

繁与简

嚇（吓） 聲（声） 鳥（鸟） 聽（听） 見（见） 個（个） 淚（泪） 乾（干） 氣（气） 惱（恼）

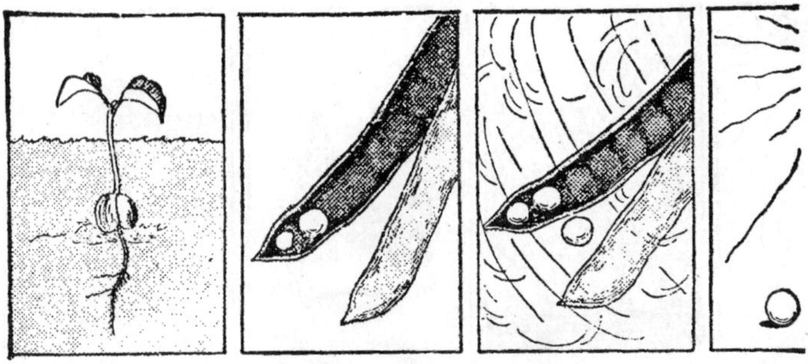

太陽晒下來，一顆晒得皮也焦。

三顆小豆兒，不知怎麼好。

風來搖一搖，一顆又向地下掉。

兩顆小豆兒，晚上想睡覺。

霜花來看看，可憐一顆又凍倒。

這顆小豆兒，運氣真正好。

農人種下了，開花結果直到老。

繁与简

陽（阳） 麽（么） 風（风） 兩（两） 覺（觉） 憐（怜） 凍（冻） 這（这） 運（运） 氣（气） 農（农） 種（种） 開（开） 結（结）

十五 請你猜

前面兩把剪子，
旁邊八把尖刀．
身上背著紗包，
走起路來橫跑．

要是猜不出，把下面有
2字的地方，上青顏色．

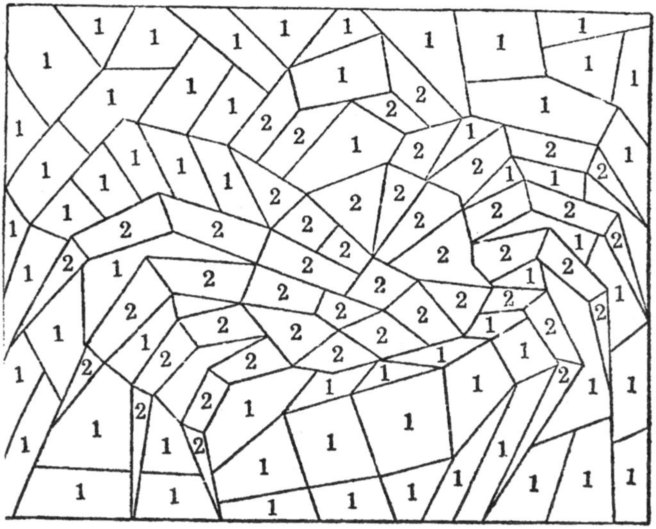

繁与简

請（请） 兩（两） 邊（边） 紗（纱） 來（来） 顏（颜）

十八 老鼠跳繩

三隻老鼠同玩耍，想拿繩來跳一下．找來找去沒有繩，可有甚麼好方法？

黑鼠説：「得啦，得啦！我們都有長尾巴，兩個尾巴挽起來，這條繩子也不差．」

大家聽了笑哈哈，照這辦法來玩耍．你跳我跳挨着跳，嘴裏唧唧又喳喳．

繁与简

繩（绳） 隻（只） 來（来） 甚（什） 麼（么） 説（说） 們（们） 長（长） 兩（两） 個（个） 這（这） 條（条） 聽（听） 辦（办） 裏（里）

十九 小羊捉老鼠

(一) 活耳朵和亮眼睛

小羊家裏有許多豆.晚上,老鼠來搬豆.小羊雖然很留心,但是耳朵不靈,聽不清是甚麼.明天,小羊去告訴貓.貓說:「我送你兩隻活耳朵.今天晚上,你用活耳朵去聽.」

晚上,老鼠又來搬豆.小羊用貓耳朵聽,雖然聽見老鼠的聲音,但是眼睛不亮,看不見老鼠在哪兒.

繁与简

裏(里) 許(许) 來(来) 雖(虽) 靈(灵) 聽(听) 甚(什) 麼(么) 訴(诉) 貓(猫) 說(说) 兩(两) 隻(只) 聲(声) 見(见) 兒(儿)

明天,小羊又告訴貓.貓說:「我再送你一對亮眼睛,今天晚上你用亮眼睛看.」

(二)軟腳底和尖腳爪

晚上,老鼠又來搬豆.小羊用貓眼睛看見老鼠,跑過去抓他.但是蹄聲很響,老鼠聽見蹄聲,就逃走了.明天,小羊又告訴貓.貓說:「我再送你四個軟腳底.你用軟腳底跑

繁与简

對(对)
軟(软)
腳(脚)
過(过)
聲(声)
響(响)
個(个)

路，老鼠就聽不見了.」

晚上，老鼠又來搬豆.小羊用貓脚底跑過去追.但是羊蹄又粗又鈍，抓不住老鼠.明天，小羊又告訴貓.貓說:「我再送你一對尖脚爪.你可以抓住老鼠.」

（三）尖牙齒和葷肚子

晚上，老鼠又來搬豆.小羊用貓脚爪把老鼠抓住.但是牙齒很鈍，

繁与简

鈍（钝）

齒（齿）

葷（荤）

不能咬老鼠，老鼠用力一掙，又逃走了．明天小羊告訴貓．貓說：「沒有別的辦法了．我再送你一副尖牙齒罷．」

晚上，老鼠又來搬豆．小羊用貓腳爪和貓牙齒抓住老鼠．明天，小羊把老鼠送給貓吃．貓說：「你自己怎麼不吃呢？」小羊說：「我不是葷肚子．我的胃，只能吃素，不能吃葷．」

繁与简

罷（罢）
給（给）

二十 踢毽子

皮托子，公雞毛，
做成毽子輕飄飄。
這樣踢，那樣跳，
兩腳飛騰低又高。
好像蝴蝶穿花枝，
又像蜻蜓戲樹梢。
花樣新，方法好，
只要工夫多，哪怕不靈巧？

繁与简

踢（踢）雞（鸡）輕（轻）飄（飘）這（这）樣（样）兩（两）腳（脚）飛（飞）騰（腾）戲（戏）樹（树）靈（灵）

三二　拔蘿蔔

小老頭種蘿蔔。蘿蔔長在泥裏，長得很大很大。

小老頭看見了，跑來拉着蘿蔔的葉子，哼哈，哼哈，用力拔，拔不起來。

小老太看見了，跑來拉着小老頭的衣裳，幫小老頭拔蘿蔔，兩個人哼哈，哼哈，用力拔，也拔不起來。

小姑娘看見了，跑來拉着小老太

繁与简

蘿（萝）　蔔（卜）　頭（头）　種（种）　長（长）　裏（里）　見（见）　來（来）　葉（叶）　幫（帮）　兩（两）　個（个）

的衣裳,幫小老太、小老頭拔蘿蔔.三個人哼哈,哼哈,用力拔,還是拔不動.

小花兒看見了,跑來拉著小姑娘的衣裳,幫小姑娘、小老太、小老頭拔蘿蔔.大家哼哈,哼哈,用力拔,一拔、兩拔、三拔,喔!拔起來了.蘿蔔一鬆,一起跌在地上.

大家爬起來,把大蘿蔔哼哈哼哈抬回家裏去.

繁与简

還(还) 動(动) 兒(儿) 鬆(松)

二十二　我們問冬天

草黃花不開，樹枝像枯柴，
蟲兒不見面，鳥兒也很呆。
唉！可怕的冬天，你為甚麼來？

太陽光微微，寒風呼呼吹，
黑雲密密鋪，白雪紛紛飛。
喂！可怕的冬天，你來威嚇誰？

繁与简

們（们）問（问）開（开）樹（树）蟲（虫）兒（儿）見（见）鳥（鸟）為（为）甚（什）麼（么）來（来）陽（阳）風（风）雲（云）鋪（铺）紛（纷）飛（飞）嚇（吓）誰（谁）

二十三 冬天告訴我們

麥不愛暖和，白菜不愛熱，
雁要寒天來，熊也熱不得.
呵！我來送冷的，你們怕甚麼？

冷風呼呼刮，冰凍雪落下.
冰把泥土鬆，雪把害蟲殺.
哈！我來耕地的，你們不用怕.

繁与简

訴（诉） 麥（麦） 愛（爱） 熱（热） 來（来） 甚（什） 麼（么） 凍（冻） 鬆（松） 蟲（虫） 殺（杀）

二十四　三隻熊

(一) 三隻熊出去玩

樹林中間的房子裏，住著三隻熊，一隻是熊爸爸，一隻是熊媽媽，一隻是熊小孩。

他們有三張牀，一張是鐵牀，一張是銅牀，一張是竹牀。

他們有三張椅子，一張是木椅，一張是皮椅，一張是籐椅。

有一天，他們吃粥，熊爸爸吃淡

繁与简

隻（只）　樹（树）　間（间）　裏（里）　媽（妈）　們（们）　張（张）　牀（床）　鐵（铁）　銅（铜）　籐（藤）

粥，熊媽媽吃鹽粥，熊小孩吃糖粥.
粥太熱了，熊媽媽說：「我們去玩一
會兒再來吃罷.」熊爸爸說：「很好.」他
們就帶了熊小孩，一同出門去玩.

（二）小愛美到熊家裏

小愛美走、走、走，走到熊的家裏.
小愛美看見三碗粥，他去嘗嘗.
淡粥太淡，鹽粥太鹹，糖粥很甜.他
就吃糖粥，把糖粥都吃完了.

繁与简

鹽（盐） 熱（热） 説（说） 會（会） 兒（儿） 來（来） 罷（罢） 帶（带） 門（门） 愛（爱） 見（见） 嘗（尝） 鹹（咸）

小愛美看見三張椅子,他去坐坐.木椅太硬,皮椅太軟,籐椅很舒服.他就坐籐椅,摇、摇、摇,把籐椅摇壞了.

小愛美看見三張牀,他去睡睡.鐵牀的被窩太冷,銅牀的被窩太熱,竹牀的被窩很舒服.他就睡在竹牀上,呼、呼、呼,睡着了.

繁与简

軟(软)
壞(坏)
窩(窝)

（三）熊回家小愛美逃走

三隻熊回家．他們去吃粥．熊爸爸說：「哎呀！誰喝過我的淡粥？」熊媽媽說：「哎呀！誰喝過我的鹽粥？」熊小孩說：「哎呀！誰把我的糖粥吃完了？」

他們看看椅子．熊爸爸說：「唷！我的木椅，有人坐過了．」熊媽媽說：「唷！我的皮椅，也有人坐過了．」熊小孩說：「唷！我的藤椅坐壞了！」

繁与简
過（过）

他們走到牀旁邊.熊爸爸說:「我的被窩,有人翻過了!」熊媽媽說:「我的被窩也有人翻過了!」熊小孩看見小愛美睡在竹牀上,就喊着說:「看哪!看哪!一個小姑娘!」

小愛美鬧醒了,心裏很害怕.連忙爬起來,跳出窗門,頭也不回,一直跑回家裏去.

繁与简

邊(边)
個(个)
鬧(闹)
連(连)
頭(头)

這是甚麼東西？
請你猜、
「不是貓，不是羊．
牙齒尖；脚爪長；
身體很肥胖：
會吃小姑娘．」
下面是一隻□

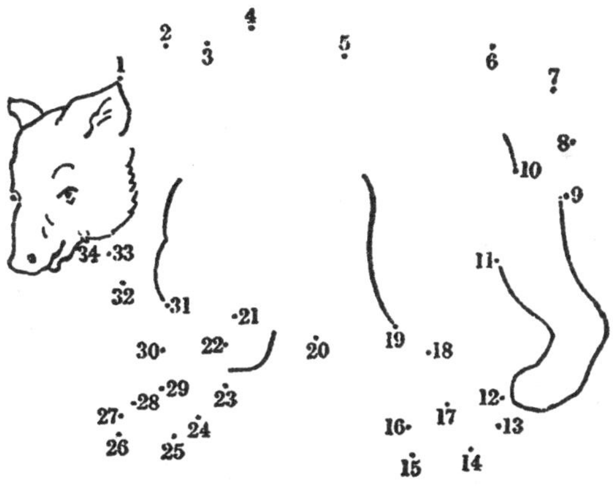

繁与简

這（这） 甚（什） 麼（么） 東（东） 請（请） 貓（猫） 齒（齿） 腳（脚） 長（长） 體（体） 會（会） 隻（只）

二十五　花雞娘子

你來看，我來瞧，
花雞娘子真正俏.
嫁給東家熊老老.
狐先生做媒人，黃鼠狼抬花轎，
狗奏音樂貓放爆，
銅鼓喇叭多熱鬧.
小白兔聽見了，
躲在門口呵呵笑.

繁与简

雞（鸡）　來（来）　給（给）　東（东）　轎（轿）　樂（乐）　貓（猫）　銅（铜）　熱（热）　鬧（闹）　聽（听）　見（见）　門（门）

二十六　三隻小白兔

（一）小白兔蓋房子

三隻小白兔，一隻叫長耳朵，一隻叫短尾巴，一隻叫紅眼睛。

長耳朵用草和竹竿，蓋成一所草房子，住在草房裏。

短尾巴用樹枝和木板，蓋成一所木房子，住在木房裏。

紅眼睛用磚瓦和石頭，蓋成一所瓦房子，住在瓦房裏。

（二）老狼推草房

繁与简

隻（只）　蓋（盖）　長（长）　紅（红）　裏（里）　樹（树）　磚（砖）　頭（头）

第一天晚上，老狼來了，他撲撲地敲草房的門，叫著說：

「長耳朵乖乖，把門兒開開，快點兒開開，我要進來！」

長耳朵知道是老狼，就回答他說：

「不開、不開，我不開，你是老妖怪，怎麼能進來！」

老狼很生氣，用力推草房，「哼哈、哼哈，」把草房推倒了，拉著長耳朵回家去。

（三）老狼撞木房

繁与简

撲（扑）門（门）説（说）兒（儿）開（开）點（点）進（进）來（来）麼（么）氣（气）

第二天晚上，老狼又來了，蓬蓬地敲木房的門，叫着說：

「短尾巴乖乖，把門兒開開，快點兒開開，我要進來！」

短尾巴知道是老狼，就回答他說：

「不開，不開，我不開，你是老妖怪，怎麼能進來！」

老狼很生氣，就用力撞木房。「撲通，撲通，」把木房撞破了，拖着短尾巴回家去。

（四）老狼打瓦房

繁与简

撲（扑）

第三天晚上,老狼又來了,得得地敲瓦房的門,叫着說:

「紅眼睛乖乖,把門兒開開.快點兒開開,我要進來!」

紅眼睛知道是老狼,就回答他說:

「不開、不開、我不開,你是老妖怪,怎麽能進來!」

老狼就用力打瓦房.「踢撻、踢撻,」打了半天,打不開.他就想挖洞進去.獵狗出來查夜,看見老狼做賊,就把老狼捉去了.

繁与简

撻(挞) 獵(猎) 見(见) 賊(贼)

二十七　恭喜恭喜新年到

恭喜恭喜新年到！家家過年多熱鬧：
爸爸買糖果，媽媽蒸年糕，
哥哥、姐姐敲鑼鼓，
弟弟、妹妹放花爆。
穿新衣，戴新帽，
跑來跑去嬉嬉笑。
別忘了，「恭賀新禧」，
恭賀爸爸媽媽年年好，
年年快樂直到老！

繁与简

過（过）　熱（热）　鬧（闹）　買（买）　媽（妈）　鑼（锣）　來（坏）　賀（贺）　樂（乐）

第四册

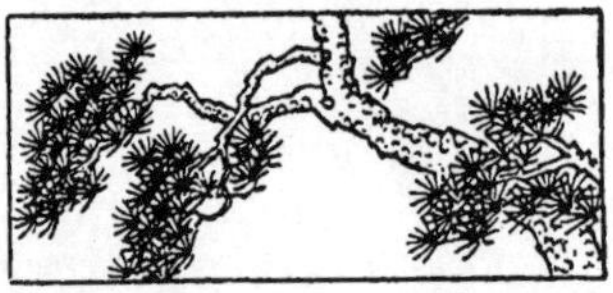

一　梅花早

松樹頭搖搖，竹子彎了腰，一個嘆氣一個笑。

一個說：「可憐許多花和草，身體太不好。冬天來了，大家都凍倒！」

一個說：「可笑許多花和草，膽子也太小。冬天來了，大家都嚇倒！」

梅樹在夢中聽見了，又羞又氣惱。他就用力掙，不願再睡覺。醒了醒了，雪被窩裏，露出幾點的花腳爪。

繁与简

樹（树）頭（头）彎（弯）個（个）嘆（叹）氣（气）說（说）憐（怜）許（许）體（体）來（来）凍（冻）膽（胆）嚇（吓）夢（梦）聽（听）惱（恼）

願（愿）覺（觉）窩（窝）裏（里）幾（几）點（点）腳（脚）

松和竹看見了，都說：「梅花姑娘你早！」

二　怎麼樣的葉子最好

小松樹生着針形的葉子．

有一次，小松樹說：「針葉子不好，我最好生金葉子．」仙人聽了，就給他換上一身金葉子；金光閃閃，真是好看．後來，有一個人走過，把金葉子摘下來，通通帶着走了．

小松樹很害怕，忙說：「金葉子也不好，我還是生玻璃葉子罷．」仙人聽了，

繁与简

見（见）麼（么）樣（样）葉（叶）針（针）樹（树）說（说）聽（听）給（给）閃（闪）後（后）來（来）個（个）過（过）帶（带）還（还）罷（罢）

就給他換上一身玻璃葉子；晶光閃閃，也很漂亮．後來天刮大風，把玻璃葉子打得粉碎，通通掉在地上．

小松樹很氣惱，就說：「玻璃葉子也不好，我還是生闊的嫩葉子．」仙人又給他換上一身嫩葉子；滿樹碧綠，也很好看．後來，霜花跑來，嫩葉子凍得發抖，又通通掉了下來．

最後，小松樹說：「還是針葉子最好．」仙人說：「很對．松樹應當生松葉子．」就把針形的葉子還給他．

繁与简

風（风） 氣（气） 惱（恼） 闊（阔） 滿（满） 緑（绿） 凍（冻） 發（发） 對（对） 應（应） 當（当）

三 這是誰的家

這是誰的家？房子全用紙來搭.
木爸爸,泥媽媽,
祖父叫做不倒翁,
孫男孫女都是磁娃娃.
還有絨雞和蠟鴨,
皮狗、瓦牛、銅的馬.
看上去,並不傻,
為甚麼動物都不動,人也呆著不説話？

四 大拇指

繁与简

這（这）誰（谁）紙（纸）來（来）媽（妈）孫（孙）還（还）絨（绒）雞（鸡）蠟（蜡）鴨（鸭）銅（铜）馬（马）並（并）為（为）甚（什）麼（么）動（动）説（说）話（话）

(一) 大拇指的食、衣、住

有一個很小的女孩子,和大拇指一樣大,所以媽媽就叫他大拇指.

大拇指每天只吃一羹匙飯和一羹匙湯,要是多吃了,就會生病.

大拇指頭上戴的皮帽,腳上穿的皮鞋,身上穿的皮大衣,是用半張老鼠皮做成的.

大拇指睡的牀,是爸爸小時候的一隻布鞋.媽媽怕大拇指給老公雞銜去,常把他放在口袋裏,有時候把他放在鳥籠裏.

繁与简

個(个) 樣(样) 媽(妈) 飯(饭) 湯(汤) 會(会) 頭(头) 腳(脚) 張(张) 牀(床) 時(时) 隻(只) 給(给) 雞(鸡) 銜(衔) 鳥(鸟) 籠(笼)

（二）大拇指出籠來玩

有一次，大拇指開了籠門出來玩．

他慢慢地爬上書桌，不留心，跌在硯池裏，滿身都是墨．爸爸走來一看，大聲說：「唷，一隻黑老鼠！」後來看清了，連忙把他拈起來，放在水盂裏洗．

他又慢慢地走到廚房，不留心，跌在麪缸裏，滿身都是麪．媽媽走來一看，大聲說：「唷，一隻白老鼠！」後來看清了，連忙把他拈起來，放在小碗裏洗．

繁与简

門（门）　來（来）　開（开）　書（书）　硯（砚）　裏（里）　滿（满）　聲（声）　說（说）　後（后）　連（连）　廚（厨）　麪（面）

(三)大拇指出門去玩

有一次,大拇指出門去玩.

天刮風了,大拇指跑到松樹洞裏去避風.松鼠很歡迎他,留他吃硬果飯.風息了,松鼠送大拇指回家.大拇指騎著松鼠,在路上跑.

天下雨了,大拇指離開了松鼠,到茅草裏去避雨.鵓鴣很歡迎他,請他吃野果飯.天晴了,鵓鴣送大拇指回家.大拇指騎著鵓鴣,在空中飛.

繁与简

風(风) 樹(树) 歡(欢) 騎(骑) 離(离) 鵓(鹁) 鴣(鸪) 請(请) 飛(飞)

到了自己家裏，大拇指離開了鶺鴒，去看爸爸媽媽。爸爸媽媽因為找不到大拇指，正在家裏哭呢。他們看見大拇指回來，都很歡喜。

五　小人國裏的大船

大人國裏的小孩，站在海邊腳一摔，

一隻皮鞋掉入海，漂到小人國裏來。

小人看見這皮鞋，大家心裏很奇怪，

用了許多的力氣，把他打撈出大海。

不知他有甚麼用，你來查看我來猜。

許多小人都發呆，一個小人真正乖，

他叫許多小工人，把這東西來紮綵；

裝成一隻航海船，新世界去做買賣。

繁与简

為（为）　們（们）　國（国）　邊（边）　腳（脚）　隻（只）　裏（里）　來（来）　見（见）　這（这）　許（许）　氣（气）　撈（捞）　甚（什）　麼（么）　發（发）　個（个）

東（东）　紮（扎）　綵（彩）　裝（装）　買（买）　賣（卖）

八　紙鳶歌

（一）

紙衣竹骨多輕便，
張弓弦，拖長線，
怎麼蝴蝶會唱歌，
蜈蚣飛上天？

（二）

空中放起紙老鷹，
翅膀大，身體輕，
嚇得黃雀連忙躲，
烏鴉心裏驚。

繁与简

紙（纸）　鳶（鸢）　輕（轻）　張（张）　長（长）　線（线）　麼（么）　會（会）　飛（飞）　鷹（鹰）　體（体）　嚇（吓）　連（连）　烏（乌）　鴉（鸦）　裏（里）　驚（惊）

（三）

空中放起美人鷂，
聲央央，影飄搖，
好像仙樂輕輕奏，
仙女來舞蹈。

（四）

晚上掛起小燈籠，
滿天黑，一串紅，
疑是仙人忙得很，
點火做夜工。

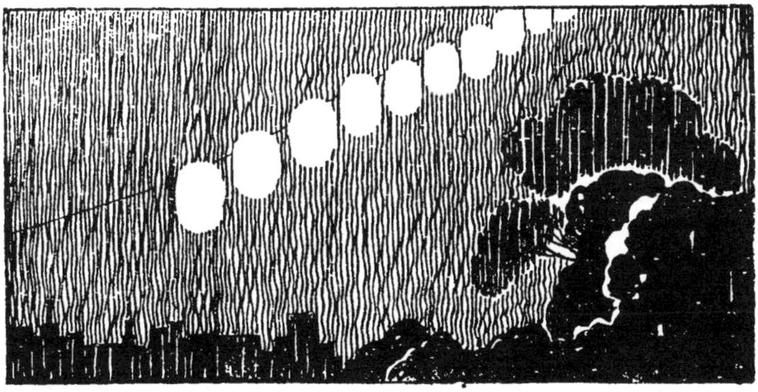

繁与简

鷂（鹞）聲（声）飄（飘）樂（乐）輕（轻）來（来）掛（挂）籠（笼）燈（灯）滿（满）紅（红）點（点）

九 烏鴉怎麼樣吃蛤蜊肉

烏鴉肚子餓了，在沙灘上看見一個蛤蜊，想吃蛤蜊的肉.可是蛤蜊把殼閉緊了，烏鴉吃不著他.

烏鴉說：「我來抓破這蛤蜊罷.」說著，用腳把蛤蜊亂抓.但是蛤蜊殼很牢，抓了多時抓不破.

烏鴉又說：「我來啄開他罷.」說著，用嘴把蛤蜊亂啄.但是蛤蜊殼很厚，啄了多時啄不開.

繁与简

烏（乌） 鴉（鸦） 麽（么） 樣（样） 餓（饿） 灘（滩） 見（见） 個（个） 殼（壳） 閉（闭） 緊（紧） 説（说） 來（来） 這（这） 罷（罢） 腳（脚） 亂（乱） 時（时） 開（开）

烏鴉想了又想，忽然跳起來說：「有啦有啦！」就銜著蛤蜊，飛到半空中，把蛤蜊丟下來。蛤蜊跌在石頭上，殼破了，烏鴉就飛下來，一口一口吃蛤蜊的肉。

十　烏鴉怎麼樣喝瓶裏的水

烏鴉口渴了，在沙堆裏發現一個水瓶，想喝瓶裏的水，可是那瓶很深，水在瓶底裏，烏鴉喝不著他。烏鴉說：「我來啄破這水瓶罷。」說

繁与简

銜（衔）　飛（飞）　頭（头）　烏（乌）　鴉（鸦）　麼（么）　樣（样）　裏（里）　發（发）　現（现）　個（个）　說（说）　來（来）　這（这）　罷（罢）

著，用嘴把水瓶亂啄．但是那瓶又硬又厚，啄了多時啄不破．

烏鴉又說：「我來扳倒他罷．」說著，用腳把水瓶亂扳．但是那瓶陷在沙裏，很牢，扳了多時扳不動．

烏鴉想了又想，忽然跳起來說：「有啦有啦！」就銜著小石子，一顆一顆地裝在水瓶裏．瓶裏裝了許多石子，水高起來，烏鴉就站定了，一口一口喝瓶裏的水．

繁与简

亂（乱）　時（时）　腳（脚）　動（动）　銜（衔）　顆（颗）　裝（装）　許（许）

十一　春風輕輕飄

春風輕輕飄，楊柳搖又搖。
春風抱着楊柳條，
楊柳跟着春風舞蹈。
春風輕輕飄，杏花嬌又嬌。
春風吹上杏花梢，
杏花對着春風微笑。
春風樂極了，
南北東西滿地跑：

繁与简

風（风）　輕（轻）　飄（飘）　楊（杨）　條（条）　嬌（娇）　對（对）　樂（乐）　極（极）　東（东）　滿（满）

驚動了枝頭小鳥，驚醒了小蟲小草，
大家出來看熱鬧。

十三 楊家有隻羊

楊家有隻羊，蔣家有垛牆。
楊家的羊，撞倒了蔣家的牆。
蔣家的牆，壓死了楊家的羊。
楊家要蔣家賠羊，
蔣家要楊家賠牆。
你說你有理，我說理又長。

繁与简

驚（惊） 動（动） 頭（头） 鳥（鸟） 蟲（虫） 熱（热） 鬧（闹） 楊（杨） 隻（只） 蔣（蒋） 牆（墙） 壓（压） 賠（赔） 説（说） 長（长）

十三 預備過兒童節

兒童節快到了，老師和許多小朋友商量過節的辦法.

愛芳說：「我們開聚餐會罷.我們預備許多好吃的東西，到兒童節那一天，請大家來吃.」

愛華說：「我們還是開玩具會.預備許多活動的玩具，請大家來玩.」

愛美說：「也不好，我們還是開

繁与简

預（预） 華（华） 備（备） 還（还） 過（过） 動（动） 兒（儿） 節（节） 師（师） 許（许） 辦（办） 愛（爱） 説（说） 們（们） 開（开） 會（会） 罷（罢） 東（东） 請（请） 來（来）

遊藝會.預備許多遊戲歌、舞,請大家來看.」老師說:「這樣罷.我們上午開玩具會,正午開聚餐會,下午開遊藝會,熱鬧一天.你們看好不好?」

小朋友們聽了,大家都很歡喜.一起說:「這樣很好,這樣很好!」

他們商量定了,就預備起來.有的預備食物,有的預備拿玩具來,有的預備唱歌、跳舞,大家都很熱心.

十四　三隻小松鼠

(一)看衣裳

有三隻小松鼠,一隻叫紅尾巴,一隻叫藍眼睛,一

繁与简

遊(游)藝(艺)戲(戏)這(这)様(样)熱(热)鬧(闹)聽(听)歡(欢)隻(只)紅(红)藍(蓝)

隻叫黃小毛.他們知道兒童節快到了,商量穿了甚麼衣裳,到學校裏去開會.

紅尾巴拿出一件紅大衣來,嘆口氣說:「我常常穿這紅大衣,真是討厭,我想揀別種顏色.」藍眼睛拿出一件藍外套來,也搖搖頭說:「這藍外套我也穿膩了,最好換別的顏色.」黃小毛拿出一件黃旗袍來,也說:「我也討厭這黃旗袍,能換別種顏色最好.」

紅尾巴說:「我們去問蝴蝶姑娘,他

繁与简

們(们)　兒(儿)　節(节)　甚(什)　麼(么)　學(学)　裏(里)　開(开)　會(会)　來(来)　嘆(叹)　氣(气)　說(说)　這(这)　討(讨)　厭(厌)　揀(拣)

種(种)　顏(颜)　頭(头)　膩(腻)　問(问)

穿的衣裳顏色最好，也許他會告訴我們怎麼換顏色的法子。」藍眼睛黃小毛都說：「很好很好！」他們商量定了，就到蝴蝶家裏去找蝴蝶姑娘。

（二）換顏色

三隻松鼠，找到了蝴蝶姑娘，和蝴蝶姑娘商量換顏色的法子。

蝴蝶想了半天，搧著翅膀說：「有啦。樹林後面有幾個池，你們拿衣裳去洗洗看，也許會變顏色的。」

繁与简

許（许） 搧（扇） 樹（树） 後（后） 幾（几） 個（个） 變（变）

他們聽了，就去找池。找到三個池：一個是黃水池，一個是紅水池，一個是藍水池。

三隻松鼠拿自己的衣裳去洗。紅尾巴的紅大衣，放在黃水池裏洗。藍眼睛的藍外套，放在紅水池裏洗。黃小毛的黃旗袍，放在藍水池裏洗。

不滿五分鐘，他們就把衣裳拿起來絞乾。紅尾巴一看，跳起來說：「哦！真變了，我的紅大衣變成橙皮色的大衣了！」藍眼睛也很奇怪，翹著尾巴說：「看哪，我的

繁与简

聽（听）
滿（满）
鐘（钟）
絞（绞）
乾（干）
翹（翘）

藍外套也變了，是紫顏色，多麼美麗啊！」黃小毛看看自己的旗袍，也說：「你們看，不是也變了麼？這是綠顏色。」

大家看了都很高興。

（三）改名字

兒童節那一天，三隻小松鼠，穿了美麗的衣裳，到學校裏來開會。紅尾巴穿的是橙色大衣，藍眼睛穿的是紫色外套，黃小毛穿的是綠色旗袍。

小朋友們看見他們，都好像不認

繁与简

麗（丽）
綠（绿）
興（兴）
見（见）
認（认）

識.大家說:「這三位姑娘穿的衣裳真美麗啊!」

聚餐會的時候,三隻小松鼠把衣裳變換顏色的事情,告訴小朋友們.

紅尾巴還笑著說:「我們現在應當改名字了.你們別叫我紅尾巴,我穿了橙色的大衣,該叫我橙姑娘.」藍眼睛搖搖尾巴說:「我穿的是紫外套,你們該叫我紫羅蘭.」黃小毛也說:「那麼你們得叫我綠葉兒,因為我的綠旗袍,和春天的綠葉子一樣.」

後來,他們的名字真改了,一隻叫橙姑娘,一隻叫紫羅蘭,一隻叫綠葉兒.

繁与简

識(识) 時(时) 還(还) 應(应) 當(当) 該(该) 羅(罗) 蘭(兰) 葉(叶) 為(为) 樣(样)

十五　花的嫁娶

南一家，北一家，
兩家男女都叫花。
花姑娘多美麗，
花哥兒也不差。
兩個長成一般大，
一個娶親一個嫁。
蜂大爺和蝶大姐，
來做媒人傳說話。
甜蜜酒，請朋友，
蜂爺蝶姐喝一口，
帶著花粉兩家走。
傳花粉，入花房，
花哥、花姑結成雙。
不多幾時生兒女，
東一行(ㄏㄤ)又西一行。

繁与简

兩（两）　麗（丽）　兒（儿）　個（个）　長（长）　親（亲）　爺（爷）　來（来）　傳（传）　説（说）　話（话）　請（请）　帶（带）　結（结）　雙（双）　幾（几）　時（时）　東（东）

先上黃顏色，再上藍顏色，變成□顏色的葉子。

先上藍顏色，再上紅顏色，變成□顏色的花。

先上□顏色，再上□顏色，變成橙黃色的果子。

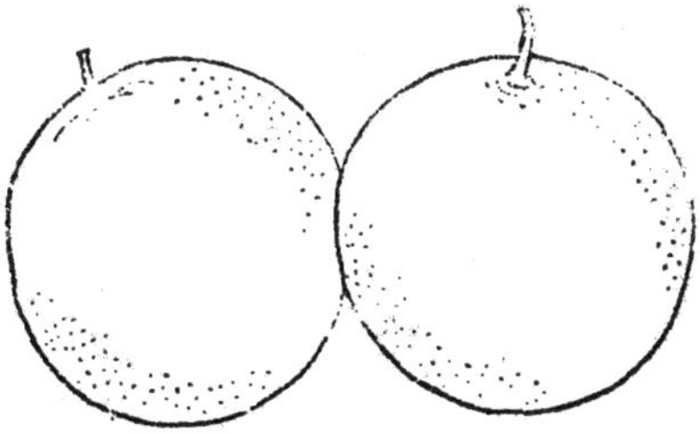

繁与简

顏（颜）　藍（蓝）　變（变）　葉（叶）　紅（红）

十六 遠足

春天天氣好，大家起個早。
排隊去遠足，不用車、馬、轎。
跑過一村又一村，
渡過一橋又一橋。
跑跑又停停，有說也有笑。
留心四面瞧，風景看不了：
山高高，水迢迢，
綠的樹，青的草，
笑的花，唱的鳥，

繁与简

遠（远） 氣（气） 個（个） 隊（队） 車（车） 馬（马） 轎（轿） 過（过） 説（说） 風（风） 緑（绿） 樹（树） 鳥（鸟）

魚在河中遊，蟲在田裏跳。
這是一個大學校，活的書本真不少；
請你讀，讀個飽。
要是累了，晚上回家早睡覺。

十七　小黃鶯的窩兒

春天的早上，小黃鶯飛到花園裏，用眼睛向四面瞧瞧，又向上瞧一回，再向下瞧一回。
月季花問他說：「黃鶯姑娘，你找甚麼？」小黃鶯說：「我想找一個地方做窩兒。」
蝴蝶花搶著說：「做在我的葉子下面罷，我很歡迎

繁与简

魚（鱼）遊（游）蟲（虫）裏（里）這（这）學（学）書（书）請（请）讀（读）覺（觉）鶯（莺）窩（窝）兒（儿）飛（飞）園（园）問（问）説（说）

甚（什）麼（么）個（个）搶（抢）葉（叶）罷（罢）歡（欢）

你。」小黃鶯說：「謝謝你的好意。可是你太近地面了，窩兒做在你那邊，很不安穩。」

月季花說：「可以做在我的花裏。我的花又香又鮮豔。」小黃鶯說：「謝謝你的好意。可是你也太近地面，窩兒做在你那邊，也不安穩。」

桃花說：「那麼，你做在我的椏枝上，我的椏枝很高。」小黃鶯說：「謝謝你的好意。可是你還不很高，窩兒

繁与简

謝（谢） 邊（边） 穩（稳） 裏（里） 鮮（鲜） 豔（艳） 椏（桠） 還（还）

做在你那邊，也不安穩.」

老松樹說：「我最高，你可以飛到我的椏枝上來.在這兒做窩，一定很安穩.」小黃鶯說：「謝謝你，我願意做窩在你的椏枝上.」

小黃鶯就和他的同伴，在松樹上做窩兒.他們生蛋，養小鳥，大家很快樂.常常在松樹上和許多花樹上唱歌玩耍.

十八 小黃鶯的歌

這是誰的家？ 這是誰的家？
高的矮的樹， 紅的白的花，

繁与简

樹（树） 來（来） 願（愿） 養（养） 鳥（鸟） 樂（乐） 許（许） 這（这） 誰（谁） 紅（红）

圍着池塘、亭子、假山石，
活像一幅畫。
我們帶着小娃娃，
飛上飛下，
在這兒唱歌玩耍，
和畫中的風景配搭。

十九 假工人

勞動節快到了，工人們預備開會。

一隻猴子，穿了工人的衣裳，想去參加。貓看見他，就説：「真是一個工人。」狗看見他，也説：「真是一個工人。」

繁与简

圍（围） 畫（画） 們（们） 帶（带） 飛（飞） 兒（儿） 勞（劳） 動（动） 節（节） 預（预） 備（备） 開（开） 會（会） 隻（只） 參（参） 貓（猫） 説（说） 個（个）

猪和羊看見他，也都説：「真是一個工人」猴子聽了很高興，就摇摇擺擺地唱起勞動歌來。

勞動節那一天，工人們正要開會，猴子也來了。鐵匠看見他，就説：「呵！猴子也來參加嗎？」木匠看見他，也説：「呵！猴子也來參加嗎？」瓦匠和石匠看見他，也都説：「呵！猴子也來參加嗎？」猴子聽了很不高興，大家唱勞動歌，他一聲也不唱。

繁与简

見（见）聽（听）興（兴）擺（摆）來（来）們（们）鐵（铁）嗎（吗）聲（声）

會開完了，猴子來見蜜蜂，問他說：「貓、狗、豬、羊都認我是工人，怎麼工人們還說我是猴子呢？」蜜蜂說：「你不做工，單穿了工人的衣裳，是一個假工人。工人們不像貓、狗、豬、羊那麼愚笨，自然認得出來。」

繁与简

問（问） 認（认） 麼（么） 還（还） 單（单）

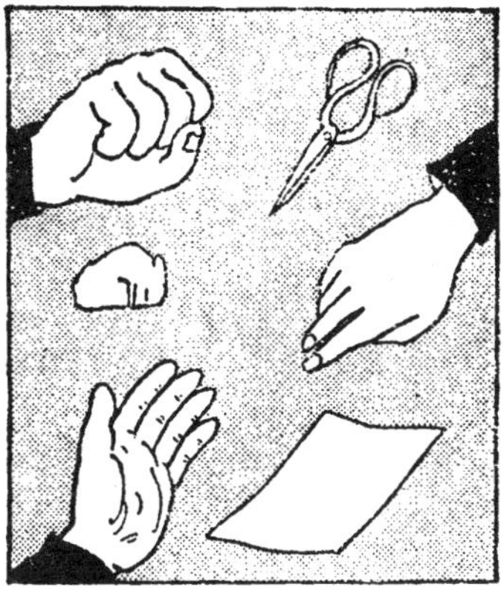

二三 猜拳

愛華、愛芳，兩個人猜拳．大家先叫：「打倒小矮人」；叫到「人」字的時候，再伸出手來，看手的樣子，決定誰勝誰敗．

第一次，愛華伸出兩個指頭，愛芳伸出手掌來，愛華說：「剪子剪紙頭．——我勝了．」愛芳點點頭．

第二次，愛芳伸出手掌，愛華

繁与简

愛（爱） 華（华） 兩（两） 個（个） 時（时） 來（来） 樣（样） 決（决） 誰（谁） 勝（胜） 敗（败） 紙（纸） 頭（头） 説（说） 點（点）

伸出拳來。愛芳說：「這次我勝了。

——紙包石頭。」愛華也點點頭。

第三次、愛華伸出拳頭，愛芳伸出兩個指頭來、愛華說：「石頭碰壞剪子。——這次我勝你敗。」愛芳笑笑。

這樣猜下去，猜了十次，愛華勝六次，敗四次；愛芳勝四次，敗六次。總算起來：勝的是愛華，敗的是愛芳。

繁与简

這（这）

壞（坏）

總（总）

二十三　蝴蝶花

蝴蝶花，好像蝴蝶迎風飄。
顏色嬌，小小貓，見識少，
看見蝴蝶花，
當做蝴蝶抓著咬。
「貓啊貓，我要問問你，花的味道可比蝴蝶好？」

二十四　青蛙要吃蚯蚓

一條蚯蚓，在泥土裏活動。青蛙遠遠地看見了，說：

繁与简

嬌（娇）　風（风）　飄（飘）　貓（猫）　見（见）　識（识）　當（当）　問（问）　條（条）　裏（里）　動（动）　遠（远）　説（说）

「奇怪！這是甚麼東西呢？」
青蛙跳到蚯蚓近邊，大聲說：「喂！你是蛇的兒子罷？蛇要吃我，是我的仇敵；我現在要吃你！」蚯蚓笑笑說：「我不是蛇的兒子。蛇有骨頭；頭、尾都看得出；身上的顏色也和我不同。他吃葷，我吃素。」
青蛙說：「那麼，你是小青蟲的哥哥。小青蟲會吃嫩葉，是農人的仇

繁与简

這（这） 甚（什） 麽（么） 東（东） 邊（边） 聲（声） 兒（儿） 罷（罢） 敵（敌） 現（现） 頭（头） 顏（颜） 葷（荤） 蟲（虫） 會（会） 葉（叶） 農（农）

敵；我現在要吃你！」蚯蚓笑笑說：「我也不是小青蟲的哥哥，青蟲有腳；頭、尾都看得出；身上的顏色也很鮮明，他吃嫩葉，我吃土。」

青蛙說：「我不問你是甚麼，你總是沒有用的東西，我現在要吃你！」蚯蚓說：「我很有用，會幫農人掘鬆泥土。」

青蛙說：「笑話啦！你會幫農人掘土嗎？我不信，我一定要吃你！」蚯蚓說：「你看罷！」說著，慢慢地縮到泥土裏去了。

繁与简

腳（脚） 鮮（鲜） 問（问） 總（总） 幫（帮） 鬆（松） 話（话） 嗎（吗） 縮（缩） 裏（里）

二十五　小黃鶯的秋千

楊柳條，軟綿綿，飄在風前．
好像線，又像鞭．
不是線也不是鞭，
這是小黃鶯的秋千．

二十六　小青蛙的搖籃

青荷葉，圓又圓，浮在水面．
好像船，又像盤．
不是船也不是盤，
這是小青蛙的搖籃．

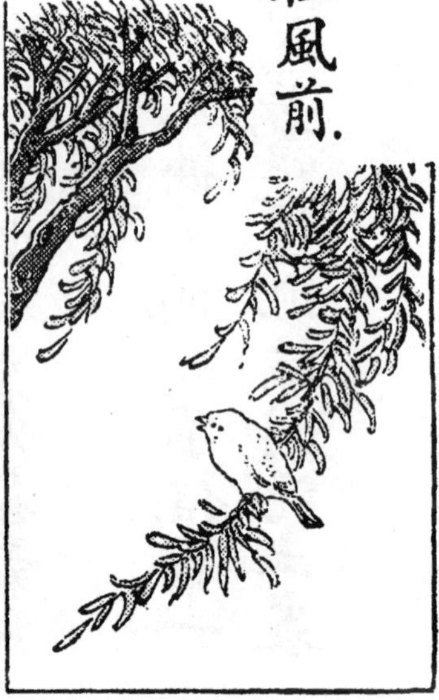

繁与简

鶯（莺）　楊（杨）　條（条）　軟（软）　綿（绵）　飄（飘）　風（风）　線（线）　這（这）　籃（篮）　葉（叶）　圓（圆）　盤（盘）

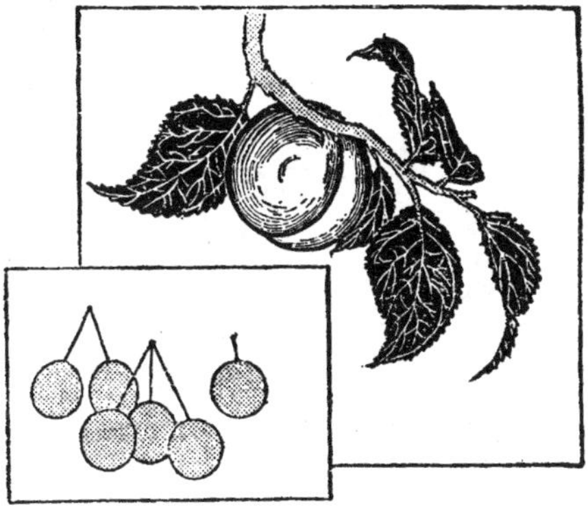

二十七　兩首謎語

紅寶石，顔色嬌，一顆一顆在樹梢。拿來咬一咬，是個紅皮水葡萄。（打一果品）

青銅鈴，搖不響，一個一個在樹上。拿來嘗一嘗，牙齒縫裏酸汪汪。（打一果品）

二十八　兩個問題

愛華和愛芳，在一張紙頭上看見兩首謎語，寫的是：

繁与简

兩（两）　謎（谜）　語（语）　紅（红）　寶（宝）　顔（颜）　嬌（娇）　顆（颗）　樹（树）　來（来）　個（个）　銅（铜）　鈴（铃）　響（响）　嘗（尝）　齒（齿）　裏（里）

問（问）　題（题）　愛（爱）　華（华）　張（张）　紙（纸）　頭（头）　見（见）　寫（写）

「上邊毛，下邊毛，中間一粒水葡萄。猜不出，請你仔細瞧。」

「左一片，右一片，隔着毛山看不見。猜不出，請你聽幾遍。」

兩個人念了又念，一面念，一面想。愛芳搶着說：「我知道了。」愛華說：「你別說。」一會兒，愛華說：「我也知道了。」愛芳說：「我們這樣，各人把謎底寫在掌心裏，寫好了，放出來看。」愛華說：「好罷。」他們兩個人就把謎底寫在掌心裏。

繁与简

邊（边） 間（间） 請（请） 細（细） 聽（听） 幾（几） 個（个） 搶（抢） 說（说） 會（会） 兒（儿） 這（这） 樣（样） 謎（谜） 裏（里） 來（来） 罷（罢）

一會兒，大家把掌心放出來看。同聲說：「哦！我們兩個人一樣寫法。」愛華說：「到底對不對呢？」愛芳說：「我想是對的。」愛華說：「我們去問老師罷。」說着，兩個人就去問老師了。

三十　這是甚麼蟲

身穿紫金袍，頭戴紅紗帽，登臺做手勢，
走路唱曲調。飛來會殺人，不用槍和砲。

繁与简

聲（声）兩（两）對（对）師（师）罷（罢）這（这）甚（什）麼（么）蟲（虫）頭（头）紅（红）紗（纱）臺（台）勢（势）調（调）飛（飞）會（会）殺（杀）槍（枪）砲（炮）

三十一　不知利害的小鳥們

農人把麻的種子種在田裏。燕子看見了，把麻雀、黃雀、白頭翁、八哥，……許多小鳥請來，對他們說：「麻已種下了。將來，等他長成了，農人會把他剝皮、做線、結成網，用網來捉我們。我們現在應當把他啄去。」

麻雀說：「我沒有工夫。」黃雀說：「我也沒有工夫。」白頭翁說：「我要

繁与简

鳥（鸟）們（们）農（农）種（种）裏（里）見（见）頭（头）許（许）請（请）來（来）對（对）將（将）長（长）會（会）線（线）結（结）網（网）現（现）應（应）當（当）説（说）

去做别的事情。」八哥説：「我也要去做别的事情。」……説罷，大家散了。

燕子只得在田裏啄。但是啄不了多少。不多幾天，麻就長出葉子來了。燕子再把麻雀、黃雀、白頭翁、八哥，……許多小鳥請來，對他們説：「麻已長出葉子來，將來，等他長成了，農人會把他剝皮、做線、結成網，用網來捉我們。我們應當趕快把他拔去。」

繁与简
罷（罢）
幾（几）
葉（叶）
趕（赶）

麻雀説：「我不見得會到網裏去。」黃雀説：「我也不見得會到網裏去。」白頭翁説：「我有眼睛，我會避網。」八哥説：「我有知覺，我也會避網。」……説罷，大家又散了。

燕子沒有辦法，只得飛到城裏去，住在人家的屋簷下。

有一天，燕子在城門口飛，看見種麻的農人，背了一個籠子進城來。籠子裏都是鳥，就是不聽燕子話的小鳥們，在裏面哭呢。燕子看了嘆口氣説：「唉，可憐哪！」

繁与简

覺（觉） 辦（办） 飛（飞） 簷（檐） 門（门） 個（个） 籠（笼） 進（进） 聽（听） 話（话） 嘆（叹） 氣（气） 憐（怜）

三十二 撲蜻蜓

哥哥拿網捉飛蟲，撲到西，撲到東。

小弟弟，興悤悤，跟著哥哥在青草叢看見一個紅蜻蜓，要想捉來弄。忙叫：「哥哥快來撲，」還説：「你別撲了一個空。」

哥哥聽，挺著胸，轉過身來拿著網，對準蜻蜓不放鬆，只一撲，撲得兇，哎呀，蜻蜓飛去了，弟弟在網中。

繁与简

撲（扑） 網（网） 飛（飞） 蟲（虫） 東（东） 興（兴） 悤（匆） 叢（丛） 見（见） 個（个） 紅（红） 來（来） 還（还） 説（说） 聽（听） 轉（转） 過（过）

對（对） 準（准） 鬆（松） 兇（凶）

三十三　桃核的故事

一粒桃核，掉在路旁。小白兔走來，桃核觸痛了小白兔的腳。小白兔說：「可惡的東西！」說着，要把桃核扔在河裏。猴子看見了，連忙說：「別扔別扔！我來把他埋在土裏，也許會長出甚麼東西來。」

桃核埋在土裏，長成了矮矮的樹。小白兔走來，桃枝碰痛了小白兔的頭。小白兔說：「可惡的東西！」說

繁与简

來（来）　觸（触）　腳（脚）　說（说）　惡（恶）　東（东）　裏（里）　見（见）　連（连）　許（许）　會（会）　長（长）　甚（什）　麼（么）　樹（树）　頭（头）

著，要把桃樹拔起來。猴子看見了，連忙說：「別拔別拔！讓他好好地長，將來也許會開出甚麼花來。」

桃樹長高了，開著很好看的花。小白兔走來，抬頭看花，花瓣落下來，打痛小白兔的眼睛，小白兔說：「可惡的東西！」說著，要把桃花通通折下來。猴子看見了，連忙說：「別折別折！讓他好好地開，將來也許會結成甚麼果子。」

繁与简

讓（让） 將（将） 開（开） 結（结）

桃樹結了許多桃子.桃子熟了,落在地上.小白兔走來,把桃子一嘗,說:「好啊!可愛的東西!」猴子聽見了,笑著說:「從前你要是弄壞了那可惡的東西,現在,哪兒會有這可愛的東西呢?」

三十四 蟲的運動會

綠樹高高, 青草搖搖,
好像旗子滿場飄.
運動會開了, 真正熱鬧!
螞蟻賽跑, 蚱蜢跳高,
蜘蛛弔繩, 螳螂舞刀,

繁与简

嘗(尝) 愛(爱) 聽(听) 從(从) 壞(坏) 兒(儿) 會(会) 這(这) 蟲(虫) 運(运) 動(动) 綠(绿) 樹(树) 滿(满) 場(场) 飄(飘) 開(开)
熱(热) 鬧(闹) 螞(蚂) 蟻(蚁) 賽(赛) 弔(吊) 繩(绳)

蜣螂把毬抛，天牛走天橋．
誰奪錦標？知了兒爬在高頭，喳啦喳啦報告．

三五 美麗的仙女

愛華講一個故事給小朋友們聽．他講的是「美麗的仙女」他說：
「從前有一位美麗的仙女，要請地仙給他一個住處．地仙就帶著他，各處去找．
「先找到高山上．高山上有松、有柏，有泉、有石，風景很好．地仙

繁与简

毬（球） 橋（桥） 誰（谁） 奪（夺） 錦（锦） 標（标） 兒（儿） 頭（头） 報（报） 麗（丽） 愛（爱） 華（华） 講（讲） 個（个） 給（给） 們（们） 聽（听）

説（说） 從（从） 請（请） 處（处） 帶（带） 風（风）

說：「你住在這兒，好嗎？」仙女說：「不成。這兒太冷靜，沒有人來看我。」

「又找到平地上。平地上有竹、有木、有花、有草，風景也不錯。地仙說：「你住在這兒，好嗎？」仙女說：「這兒太鬧，怕有牛羊來踏壞我。」

「再找到海面上。海面上水色碧綠，波光明亮，風景也很好。地仙說：「你住在這兒，好嗎？」仙女說：「海水太深，味又鹹，常常有大風

繁与简

這（这） 兒（儿） 嗎（吗） 來（来） 錯（错） 鬧（闹） 壞（坏） 綠（绿） 鹹（咸）

浪。」

「最後，找到一處地方，看見一個池塘，清水滿池，很是可愛。仙女很歡喜，就跳到池裏去洗澡。可是變了，變成一種花，這就是荷花。他的白嫩的腳，變成了藕；

他的美麗的臉，變成了花朵；他的飄飄的衣裳，變成了荷葉。真是美麗，真是可愛！」

大家聽了，都很快樂。愛芳很疑心，向老師說：「真有仙女麼？」老師笑著說：「你想怎麼樣呢？……」

繁与简

後（后）　見（见）　滿（满）　歡（欢）　裏（里）　變（变）　種（种）　腳（脚）　臉（脸）　飄（飘）　葉（叶）　聽（听）　樂（乐）　師（师）　麼（么）　樣（样）

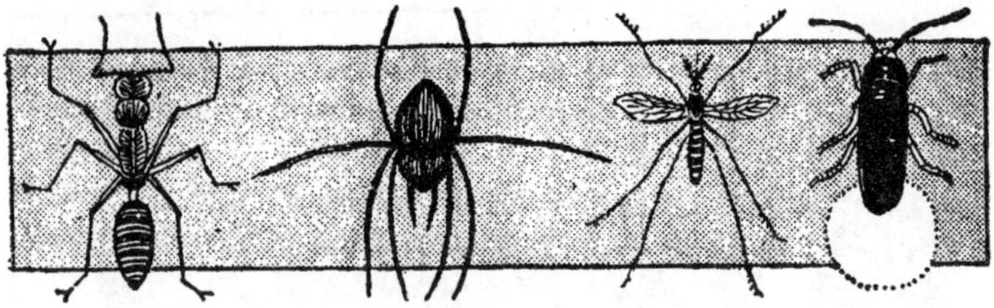

三十六　對山歌

甚麼蟲飛來像流星？
甚麼蟲暗裏把人叮？
甚麼蟲身上拖長線？
甚麼蟲排隊像兵丁？
螢火蟲飛來像流星，
小蚊蟲暗裏把人叮，
花蜘蛛身上拖長線，
小螞蟻排隊像兵丁．

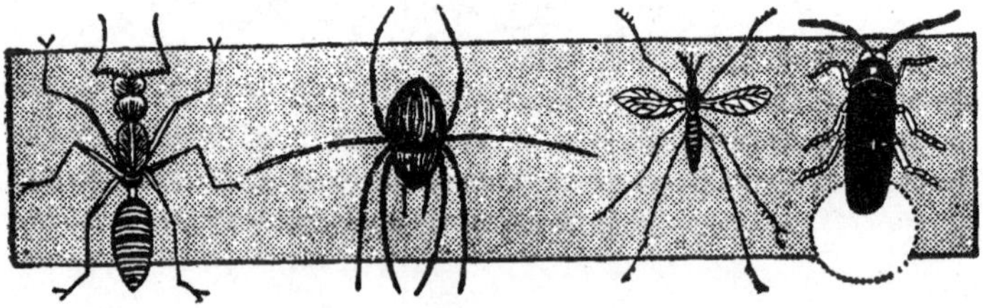

繁与简

對（对）甚（什）麼（么）蟲（虫）飛（飞）裏（里）長（长）線（线）隊（队）螢（萤）螞（蚂）蟻（蚁）

第五册

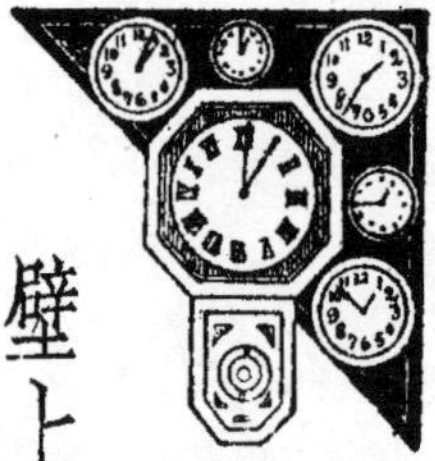

一 光陰

的！的！的！的！ 一跳一跳地跑；

噹！噹！噹！噹！ 一聲一聲地敲。

壁上的時鐘， 向我們報告；

他說：「光陰去了，光陰去了！

光陰就這樣去了，留不住一分一秒。」

★ ★ ★ ★ ★

的！的！的！的！ 一跳一跳地跑；

噹！噹！噹！噹！ 一聲一聲地敲。

繁与简

陰（阴） 噹（当） 聲（声） 時（时） 鐘（钟） 們（们） 報（报） 説（说） 這（这） 樣（样）

壁上的時鐘，向我們警告；
他說：「光陰真好，光陰真好！
光陰是「無價之寶，」別錯過一分一秒！」

二　認眞讀書的承宮

承宮，小時候就沒有了父親，他家裏很窮苦。
到了八歲，他的母親送他到一個莊家去，替他們放豬。
有一天，承宮趕著豬，走到一家門口，聽見裏面有一位老師，正在那兒對許多學生講故事；

繁与简

無（无）價（价）寶（宝）錯（错）過（过）認（认）眞（真）讀（读）書（书）時（时）親（亲）裏（里）窮（穷）歲（岁）個（个）莊（庄）趕（赶）

豬（猪）門（门）聽（听）師（师）兒（儿）對（对）許（许）學（学）講（讲）

他就站定了，靜靜地聽。

那老師名字叫徐子盛，是一位很有學問的人。承宮聽他講，覺得很有趣味；就不知不覺地丟了豬，走進去，站在學生的一邊。徐老師只管講，承宮只管聽，連吃飯也忘記了。

莊家老兒因爲承宮不回家，心裏很奇怪，就親自出來找他。找到徐家門外，只看見豬，不見

繁与简

聽（听）問（问）覺（觉）進（进）邊（边）連（连）飯（饭）記（记）為（为）來（来）見（见）

了承宮；再向徐家門口一望，見承宮在裏面聽講呢！那老兒很生氣，就走進來，拉了承宮要打。許多學生看見了，連忙把老兒勸住。徐子盛問明了緣故，覺得承宮這孩子，倒很有意思的；就叫老兒趕了豬回去，把承宮留下來。

承宮在徐家，一面替他們做工，一面很認眞地讀書。後來，他一天一天地長大，學問也一天

繁与简

氣（气） 勸（劝） 緣（缘） 這（这） 們（们） 後（后） 長（长）

一天地高深起來，到底也成了一位很有學問的人。

三　龜兔賽跑

有一天早上，一隻烏龜，在河岸上慢慢地爬。小白兔走來，看見了，笑他說：「烏龜兄，你眞呆極啦！你走一步，我要走幾十步呢。」說著，就一跳一跳地走給烏龜看。烏龜說：「我走路雖然慢，但是我有耐心。」小白兔哈哈大笑說：「呵！耐心！我們現在來賽跑，你能用耐心勝我麼？」

繁与简

龜（龟）　賽（赛）　隻（只）　烏（乌）　來（来）　見（见）　説（说）　極（极）　幾（几）　給（给）　雖（虽）　們（们）　勝（胜）　麼（么）

烏龜聽了很氣惱，就說：「好罷，我們來試試看，你也不一定會勝我。」

他們看見一隻花貓走來，就請花貓做公正人。花貓說：「很好。那邊山上有一棵樹，看誰先跑到樹下？」說著，就叫他們排好了，叫著說：「各就各位，預備，——一，二，三！」這樣一叫，他們就都跑了。小白兔四隻腳好像飛的，跑得很快，烏龜一爬一爬，落在後面。

賽跑起頭

繁与简

聽（听） 氣（气） 惱（恼） 罷（罢） 試（试） 會（会） 請（请） 貓（猫） 邊（边） 樹（树） 誰（谁） 預（预） 備（备） 這（这） 樣（样） 腳（脚） 飛（飞） 後（后）

小白兔跑到半路，回頭一望，就說：「好呆的烏龜，要和我賽跑，眞是笑話啦！好罷，天氣這樣熱，我來休息一下罷。」說著，就坐下來，倒在地上，呼呼地睡著了。烏龜很耐心，一步一步地爬，走過小白兔睡著的地方，他也不肯停一停，照舊用力爬。爬到樹底下，那睡在半路上的小白兔，還沒有醒呢。

後來，小白兔醒了，連忙跑到樹下來。可是來

繁与简

頭（头） 話（话） 熱（热） 過（过） 舊（旧） 還（还） 連（连）

不及了，只聽見公正人花貓先生報告道：「有耐心的，得到最後的勝利了！」

〔想〕怎麼樣做事可以不失敗？

〔寫〕把花貓先生的日記寫完全。

日，龜兔兩位賽跑，請我做　　。兔在半路上　　，龜用力跑。結果：龜先到，勝利；兔　　，。

四　耐心

繁与简

報（报）　敗（败）　記（记）　寫（写）　兩（两）　結（结）

小蝸牛，爬粉牆。跌下了，又爬上。只怕自己不努力，哪怕粉牆高十丈？一步一步耐心爬，到底爬到牆頭上。

★ ★ ★ ★ ★

小蜘蛛，牽絲網。斷下了，又接上。只怕自己不努力，哪怕風大絲飄盪？一縷一縷耐心牽，到底結成一個網。

繁与简

蝸（蜗）
牆（墙）
頭（头）
牽（牵）
絲（丝）
網（网）
斷（断）
風（风）
飄（飘）
盪（荡）
縷（缕）
結（结）
個（个）

〔想〕做事要是失敗了，你得怎麽樣？

〔畫〕畫一個東西在前面的網上。

五　大樹上爲甚麽生小果子

張能，是一個種園地的人。他種著幾畝園地。他的園裏，有許多果子：棗兒、胡桃，……南瓜、北瓜，……都有。

有一天，張能種地累了，坐在一棵大樹底下休息。因爲那邊的地，一面高，一面低，正像一張躺椅；他就用手一撐，躺了下來，靠在地上。

繁与简

敗（败）麽（么）樣（样）畫（画）東（东）樹（树）為（为）甚（什）張（张）個（个）種（种）園（园）幾（几）畝（亩）許（许）棗（枣）兒（儿）邊（边）撐（撑）來（来）

這時候，正是秋天，滿園都是果子。張能瞧著，心裏很歡喜。他再留心望，只見南瓜、北瓜許多大果子，生在藤上；樹上生的棗兒、胡桃都不很大。張能想：「大樹上爲甚麼生著小果子呢？要是棗兒、胡桃……能夠長得和南瓜、北瓜一樣大，不是更有趣麼？——

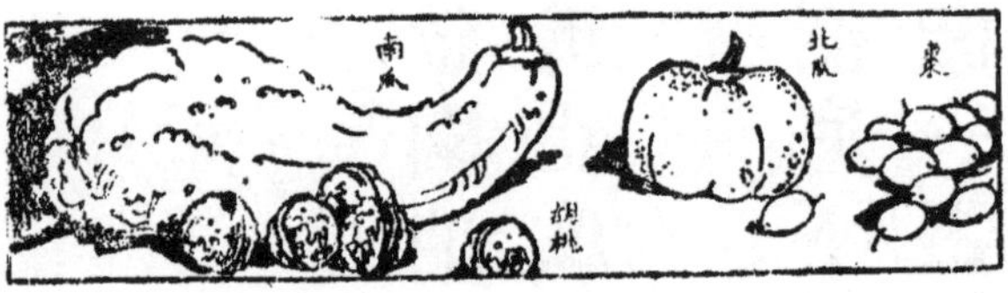

繁与简

這（这）時（时）滿（满）裏（里）歡（欢）麼（么）夠（够）長（长）樣（样）

棗兒打張能

張能正在想的時候，忽然一個棗兒從樹上掉下來，打在他的頭上。張能直跳起來說：「喔唷！險啊！要是大樹上的棗兒，長得和南瓜、北瓜一樣大，現在掉下來，不是要打破我的頭麼？」

〔想〕要是分食物，你想多分一點麼？

〔寫〕「我愛吃的果子，是　　　　。」

六　中秋的果品

繁与简

從（从）
頭（头）
險（险）
點（点）
寫（写）
愛（爱）

青竹竿張大旗，母子幾個躲在泥土裏，細皮白肉穿蓑衣。

花格子，紅帳子，外面看看是個黃麻子，裏面睡著白胖子。

兩個角，四個角，小小包裹清水裏面弔，中間有個銀元寶。

小刺蝟，毛外套，脫了外套露出赭黃袍，著肉還有絲絨襖。

黃磁瓶，口子小，打開瓶來挖

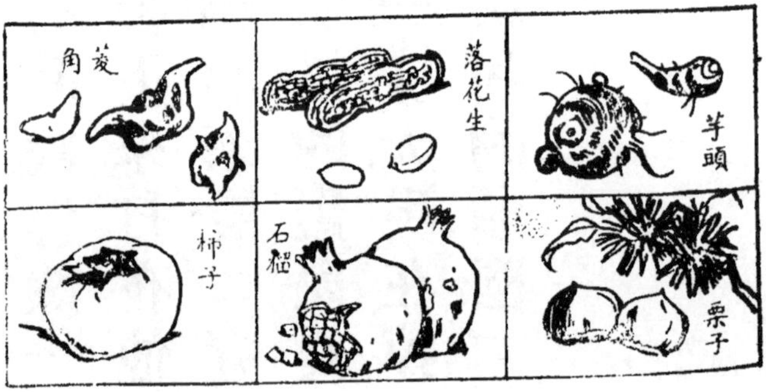

繁与简

張（张） 幾（几） 個（个） 躲（躲） 裏（里） 細（细） 紅（红） 帳（帐） 兩（两） 間（间） 弔（吊） 銀（银） 寶（宝） 還（还） 絲（丝） 絨（绒） 襖（袄） 開（开）

出红珠宝，是个黄皮麻大嫂。

紅燈籠，綠寶蓋，不用點火也會生光彩，十人看見九人愛。

〔寫〕把謎底寫出來：

1.

2.

3.

4.

5.

6.

〔畫〕把可以上顏色的果品上顏色。

繁与简

燈（灯） 籠（笼） 綠（绿） 蓋（盖） 點（点） 會（会） 見（见） 愛（爱） 寫（写） 謎（谜） 畫（画） 顏（颜）

九　種菜的笑話

小芸是一個很可笑的孩子，他常常做出傻事來，引得人家大笑。

有一天，他的父親拿了白菜秧，種在門前的場地上。小芸說：「爲甚麼種這東西呢？」父親說：「我要他慢慢地長起來，長成大白菜。」

小芸聽了父親的話，就回去把小笛、小木魚拿來，插在地上。父親說：「你做甚麼呢？」小芸說：「我也要他慢慢地長起來，長成長笛、大木

繁与简

種（种）　話（话）　個（个）　來（来）　親（亲）　門（门）　場（场）　説（说）　為（为）　甚（什）　麽（么）　這（这）　東（东）　長（长）　聽（听）　魚（鱼）

魚」父親聽了哈哈大笑。

菜秧種下了許多，父親要回去喝茶。父親說：「小芸，你在這兒看守，我去去就來。種下的菜，別讓隔壁的小坡、小甫來拔去了。」父親去了，小芸就坐在菜田旁邊看守。一會兒，隔壁小甫走來了，小芸連忙把種下的菜秧通通拔了起來，帶回家去。父親看見了很生氣，要打小

小芸拔菜

繁与简

許（许）兒（儿）讓（让）邊（边）會（会）連（连）帶（带）見（见）氣（气）

芸。母親問小芸爲甚麼拔菜。小芸說：「爸爸叫我看菜，隔壁小甫來了，我怕他拔去，所以趕快把菜收了回來。」母親聽了哈哈大笑，連父親也笑起來了。

〔想〕小芸實在應當用甚麼法子保護小白菜？

〔做〕種菜秧在場地上，過了七天看他長多大。

十 秋露

秋露霑青草，點點圓而小；
一顆又一顆，閃閃晶光耀。

繁与简

趕（赶） 實（实） 應（应） 當（当） 護（护） 過（过） 霑（沾） 點（点） 圓（圆） 顆（颗） 閃（闪）

哥哥弟弟起身早，走來看見了：
弟弟說：「哥哥，你可知道？
這是小人國裏小人吹的胰子泡。」
哥哥笑著說：「不！
昨夜月亮姑娘哭了，
淚珠兒，草上拋，
要等太陽哥兒出來，
替他整個兒擦掉。」

〔想〕露水到底像甚麼？

繁与简

來（来）見（见）說（说）這（这）國（国）裏（里）淚（泪）兒（儿）陽（阳）個（个）甚（什）麼（么）

十一 救了一條命

許多小孩，在院子裏玩耍，大家都很高興。院子裏有一口大缸，滿滿地盛了一大缸水。一個小孩，爬上缸沿，大叫著說：「看哪！看哪！看我走缸沿！」話還沒有說完，撲通一聲，掉到水缸裏了。

許多小孩嚇得全逃散了。只有一個小孩，名字叫司馬光，他一點也不怕。他想了一想，立刻搬起一塊石頭來，用力向缸上砸。

繁与简

條（条） 許（许） 裏（里） 興（兴） 滿（满） 説（说） 話（话） 還（还） 撲（扑） 聲（声） 嚇（吓） 馬（马） 點（点） 塊（块） 頭（头）

一會兒，缸砸破了，水都從破縫裏流出來；跌在缸裏的小孩，就沒有淹死。

後來，大人們來了，連忙把缸裏的小孩抱起來。大家說：「好聰明的司馬光，救了一條命！」那小孩的母親，更加感激，眼淚也流出來了。

〔想〕有甚麽別的法子救那水缸裏的小孩？

十二　樹窟窿裏取毬

繁与简

會（会）兒（儿）從（从）縫（缝）來（来）後（后）們（们）連（连）聰（聪）親（亲）淚（泪）甚（什）麽（么）樹（树）裏（里）毬（球）

有幾個小朋友，在樹底下拍毬。大家挨著拍拍得很上勁。

大樹根上有一個窟窿。挨到一個小孩拍的時候，那毬一跳，滾到樹窟窿裏去了。小朋友們用手去掏，但是樹窟窿很深，大家都掏不著。

這毬是另外一個小朋友的，那小朋友哇地哭了。大家埋怨拍毬的小孩不留心；可是全沒有法子把毬拿出來。

文彥博是一個聰明的孩子，他想了一想，就

繁与简

幾（几） 個（个） 勁（劲） 時（时） 們（们） 這（这） 聰（聪）

說:「你們別忙,我來取罷。」一
說著,他就去舀了一盆水來,
灌在樹窟窿裏,水灌滿了,那
毬也浮起來了。

毬的小主人和拍毬的小
孩們,大家都很感激文彥博。

〔想〕有甚麼別的法子取樹窟窿裏的毬?

〔做〕把皮毬放在泥洞裏,灌水下去,看皮毬怎麼樣。

十三 秋來了

繁与简

說(说) 罷(罢) 來(来) 滿(满) 甚(什) 麼(么) 樣(样)

秋來了，風蕭蕭；
把滿園的樹葉、花、草，
吹得零落枯凋。
秋來了，風蕭蕭；
把滿地的鳴蟲、飛鳥，
吹得嚌嚌嘈嘈。
啊！秋哪！
青翠的畫稿，
你是不是看膩了，
要加一點赭黄的顏料？

繁与简

來（来） 風（风） 蕭（萧） 滿（满） 園（园） 樹（树） 葉（叶） 鳴（鸣） 蟲（虫） 飛（飞） 鳥（鸟） 嚌（哜） 畫（画） 膩（腻） 點（点） 顏（颜）

十四 小螃蟹（一）

小螃蟹，脾氣壞，不能忍耐。
刀和槍，隨身帶，搖搖擺擺。
橫行去，橫行來，眞正厲害。
嚇得那，小魚兒，大家躲開。

繁与简

氣（气） 壞（坏） 槍（枪） 隨（随） 帶（带） 擺（摆） 來（来） 厲（厉） 嚇（吓） 魚（鱼） 兒（儿） 躲（躲） 開（开）

（二）

小螃蟹，脾氣壞，不能忍耐。
老漁翁，手眼快，把他捉來。
帶回家，做飯菜，不用錢買。
可憐那，小英雄，到底失敗。

〔唱〕照著唱評戲的調兒唱。

十五　水裏的兩樣東西

小小一條龍，鬍鬚硬似棕，
生前沒有血，死後滿身紅。

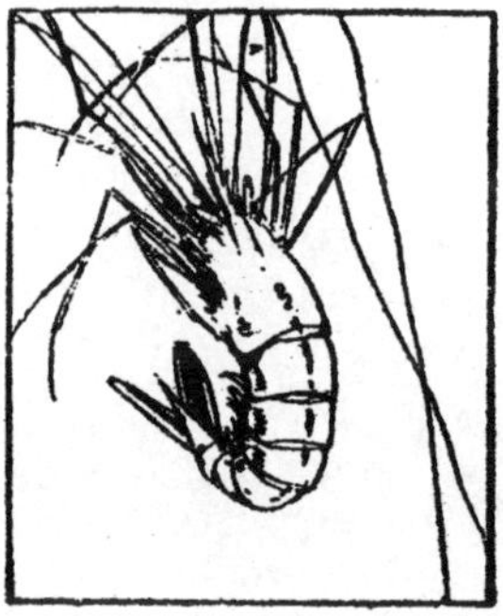

繁与简

漁（渔）飯（饭）錢（钱）買（买）憐（怜）敗（败）戲（戏）調（调）裏（里）兩（两）樣（样）東（东）條（条）龍（龙）鬍（胡）鬚（须）後（后）滿（满）

★ ★ ★ ★ ★

有甲、沒有盔，有眼、沒有眉，
無腿會行走，有翅不能飛。

〔寫〕謎底 1 2

十八 拗口令

壁上一隻釘，釘上繫根繩，
繩上掛個瓶，瓶下放盞燈。
落下一隻釘，脫下一根繩，
掉了一個瓶，打著一盞燈。
瓶碰燈，燈碰瓶，繩打釘，釘打繩，

繁与简

無（无） 會（会） 飛（飞） 寫（写） 謎（谜） 隻（只） 釘（钉） 繫（系） 繩（绳） 掛（挂） 個（个） 盞（盏） 燈（灯）

砰砰蓬蓬蓬蓬砰，叮叮噹噹噹噹叮。

〔唱〕要唱得快。

二十二　母親的心

孟軻從小就沒有了父親，跟著母親過日子。

起初，他們住在墳場旁邊，孟軻學不到好習

繁与简

噹（当）親（亲）軻（轲）從（从）過（过）們（们）墳（坟）場（场）邊（边）學（学）習（习）

慣;孟母就帶著他,遷居到市集上去。孟軻在市集上,也學不到好習慣;孟母就帶著他遷居到學宮(古時候的學校)隔壁去。三次遷居,他們的住所才定下了。

後來,孟母送孟軻去上學。有一次,孟軻不願上學,孟母就對他說:「軻啊!我日夜織布,爲的是誰?我替你預備衣食,我替你預備住所,我替你預備學費,就

繁与简

慣(惯) 帶(带) 遷(迁) 時(时) 後(后) 願(愿) 對(对) 説(说) 織(织) 爲(为) 誰(谁) 預(预) 備(备) 費(费)

希望你成爲有學問的人。你不肯上學，我白費心了，我也不願再織布了！」說著，就拿刀把織布機上織成的布割斷了，伏在機上痛哭。

孟軻感動了，他知道「母親的心」，他就十分用功，後來他到底成了一位很有學問的人。

〔想〕你母親希望你怎樣？你自己預備怎樣？

〔寫〕下面的句子中得寫甚麼字？

「父親送我上學，　　我成爲一個有用的人。」

（安慰、預備、希望、並且）

二十三　蘆雁

繁与简

問（问）機（机）斷（断）動（动）樣（样）寫（写）甚（什）麼（么）個（个）並（并）蘆（芦）

蘆葦，蘆葦！你今年幾歲？
黃瘦的身材，彎曲著背；
雪白的頭髮，蓬蓬地垂；
灰色的衣帶，飄飄地飛。
這樣老大的年紀，
還很有興味：
趁著夜深人靜，月亮光輝，
抱著風婆婆，同開跳舞會。
天上的雁聲清脆，來做你們的音樂隊。

繁与简

葦（苇）　幾（几）　歲（岁）　彎（弯）　頭（头）　髮（发）　帶（带）　飄（飘）　飛（飞）　這（这）　樣（样）　紀（纪）　還（还）　興（兴）　輝（辉）　風（风）　開（开）　會（会）　聲（声）　來（来）　們（们）　樂（乐）　隊（队）

二十四　互助

嘴、胃、手、腳各做各的工作，各有各的用處。有一次，嘴忽然發言了，他說：「要算我最有用呢；人靠食物活命，我替人進食物，要是沒有我，人就活不成！」胃笑著說：「我不把食物消化，你再多進些食物，也是不中用的！」手大叫說：「所有的食物，全是我做出來的！」腳跳起來說：「我不走動，前面有了食

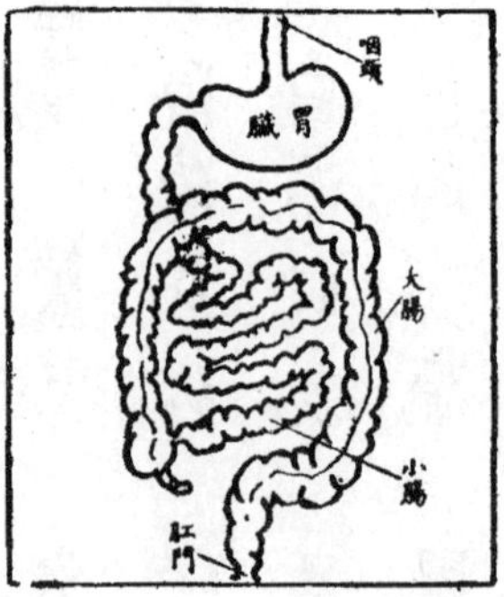

繁与简

腳（脚）
處（处）
發（发）
説（说）
進（进）
來（来）
動（动）

物，手也拿不著，嘴進甚麼；胃又消化甚麼呢？」他們爭論得更厲害了，嘴賭氣說：「你們要胡鬧，我就不進食物！」胃冷笑說：「好罷，你就進了食物，我也不來消化！」手哼著說：「你們還說進和消化呢！我不做事了，也不再拿食物了。」腳也很乾脆地說：「大家停著罷，我也不願再走！」

過了兩天，胃餓得很疲倦，嘴餓得很饞，手腳也都軟弱起來。眼睛看不過，勸他們說：「你們

繁与简

甚（什） 麼（么） 論（论） 厲（厉） 賭（赌） 氣（气） 們（们） 鬧（闹） 罷（罢） 還（还） 乾（干） 願（愿） 過（过） 兩（两） 餓（饿） 饞（馋） 軟（软） 勸（劝）

別互爭，還是互助罷。」一嘴、胃、手、腳聽了他的話，就互助著，仍舊各做各的工作，不再爭論。從此，胃不餓，嘴不饞，手腳也不軟弱了。

〔想〕人家幫助你的是甚麼？你幫助人家的是甚麼？

〔寫〕把下面嘴、胃、手、腳爭論的動作寫完全。

	起初	後來	再後來	最後
嘴	忽然發言，以爲自已能替人進食物。	賭氣、不願進食物。		因互助而不饞。
胃	笑著說，自已能把食物消化。	冷笑、不願消化食物。	餓得很疲倦。	
手	大叫說，自已能做食物。		餓得很軟弱。	因互助而不軟弱。
腳		很乾脆地不願再走。	餓得也很軟弱。	也因互助而不軟弱。

繁与简

聽（听）話（话）舊（旧）從（从）幫（帮）寫（写）後（后）爲（为）

二十五　互助歌

叮噹叮！　叮噹叮！
打成犂鈀把田耕。
任你農夫多麽巧，
沒有犂鈀耕不成。

★　★　★

秋種麥，　春佈穀，
米穀麪粉做食物。
任你工人多麽乖，
沒有食物難飽腹。

繁与简

噹（当）犂（犁）農（农）麽（么）種（种）麥（麦）佈（布）穀（谷）麪（面）難（难）飽（饱）鐵（铁）鈀（钯）

耕田地，做器械，農夫工人相靠藉。
你用心思我努力，互助造成新世界。

★ ★ ★

二十六　獵王的弓

一個獵人，有一張很牢的弓。他用這弓射箭，射得很遠；沒有人能夠和他比，所以大家稱他爲獵王。

獵王很得意，很驕傲。他看看自己的弓，沒有刻花，他想：「做了獵王，一定要有好看的弓。」一

繁与简

藉（借）　獵（猎）　個（个）　張（张）　這（这）　遠（远）　夠（够）　稱（称）　爲（为）　驕（骄）

但是不願意買新弓，因爲這弓是自己用慣的。他叫刻花匠來，對刻花匠說：「請你替我刻花，要刻得很好看。我是獵王，要有好看的弓才行。」

花刻成了，刻的是樹、木、山、水，還刻著「行獵圖。」刻得又深又細。獵王看了很高興，大家也稱讚這弓。大家說：「此刻的獵王，更威武了，他的弓，也比別人出色。」

繁与简

願（愿）買（买）慣（惯）來（来）對（对）説（说）請（请）樹（树）還（还）圖（图）細（细）興（兴）讚（赞）

有一個賽會，大家比賽射箭，各處的獵人都來比賽。箭射中了，大家都叫「好！好！」有一個人說：「別忙，我們的獵王還沒有射呢。等他射了，才可以決定勝敗呢。」

獵王很得意，很驕傲。他看看刻花的弓，把箭搭上，拉了弓弦，對衆人一笑，高聲說：「請看一箭就著！」說著，對準了箭靶子，用力把弓一拉；「拍！」弓斷了，

繁与简

賽（赛） 會（会） 處（处） 決（决） 勝（胜） 敗（败） 衆（众） 聲（声） 準（准） 斷（断）

刻花的弓變成兩截了！大家轟地笑起來。獵王紅著臉說：「可惜！可惜！很牢的弓，刻花刻壞了！——原來好看的東西，不見得最好、最牢、最有用。」

〔想〕獵王要怎麼樣就不會失敗？

〔寫〕寫幾句句子，中間要有「所以」兩個字。

〔做〕弓、箭。

二十七　第一封信

第一幕

人物　小倉　倉父　倉母　獵狗。

繁与简

變（变）兩（两）轟（轰）獵（猎）紅（红）臉（脸）壞（坏）東（东）見（见）麼（么）樣（样）寫（写）幾（几）間（间）倉（仓）

布景　上古人的家庭。

幕開：倉母坐著結網；倉父拿了一枝箭，磨箭頭；小倉拿著骨針，在地上畫；獵狗睡著不動。

倉父說：「家裏的鹿肉快完了！」——

倉母說：「可不是，山羊也只剩半隻了。」——

倉父說：「趁著今天天晴，讓我出去打些野味來

出獵

繁与简

開（开）結（结）網（网）頭（头）針（针）畫（画）獵（猎）動（动）説（说）裏（里）隻（只）讓（让）來（来）

罷。」說著，插了箭。小倉慢慢地抬起頭來。

小倉說：「爸爸，我也要去，請您帶著我。」

倉母說：「不成！山裏有猛獸，會傷害你的。」

倉父說：「猛獸，不見得會有。不過他走路太慢，我不歡喜和他同走。」

小倉哭了。

倉母說：「既然沒有猛獸，你就帶他去罷。」

倉父說：「好啦。小東西，別哭了。反正我可以帶你去練習一回。」

小倉笑了。大家整頓

繁与简

罷（罢）請（请）帶（带）獸（兽）會（会）傷（伤）見（见）過（过）歡（欢）東（东）練（练）習（习）頓（顿）

衣裳，倉母幫小倉預備。小倉把骨針放在口袋裏，倉父又拿了一桿長槍。

倉父說：「我們去了。小倉來，狗也來！」

倉母說：「你們早些回來啊！」

他們走了，獵狗汪汪地叫。幕閉。

第二幕

人物　小倉　倉父　狗　鹿　兔　一羣野人。

布景　山林。

幕開：一隻鹿在前面逃，獵狗在後面追。倉父、小倉也

繁与简

幫（帮）　預（预）　備（备）　桿（杆）　槍（枪）　們（们）　閉（闭）　羣（群）　後（后）

來了。鹿逃入樹林，狗也追入樹林，全不見了。

倉父說：「好一頭鹿，可惜沒有射中！」

小倉說：「恐怕狗也追不著他。」

倉父說：「腿也走瘦了，我們休息一下罷。」

兩個人都坐下來。

小倉說：「您說我不會跑，我的腿倒不很瘦呢。」

小倉站起來四面張望。狗回來了，銜著一隻小白兔。一羣野人追來，手裏拿著棍、棒。小倉看了很驚慌。

小倉說：「那邊來的甚

繁与简

樹（树）　瘦（酸）　兩（两）　個（个）　張（张）　銜（衔）　驚（惊）　邊（边）　甚（什）

麼人，身上有毛的？」野人已經圍上來了。倉父拿了槍站起來。倉父說：「你們是哪兒來的？」

野人不懂，用土話問倉父，倉父也不懂。野人大家怪叫，似乎要捉倉父。倉父向小倉一望。

繁与简

麽（么）經（经）圍（围）兒（儿）

倉父說：「小倉你快退後一步，我來和他們打。」

倉父把槍一擺，野人用棍棒亂打。倉父被他們打倒在地。野人就連小倉也捉起來了。小倉大哭，狗一面走，一面叫。幕閉。

第三幕

人物　一羣野人　小倉　倉父　狗。

布景　山洞口。

幕開：倉父被綁在一棵大樹上，兩手、兩腳都不能動。

繁与简

擺（摆）亂（乱）連（连）綁（绑）腳（脚）

小倉被綁在另一棵樹上，兩腳也綁得很牢，兩手還自由。一羣野人圍著他們跳舞。跳舞完了，大家亂七八糟坐在地上。有幾個人，就來玩弄倉父：有的打，有的踢，有的笑，有的叫。倉父不做聲，小倉只管哭。野人鬧了一陣，大叫一聲，全跳到山洞裏去了。倉父閉上眼睛，似乎很疲倦。

小倉說：「爸爸，他們去了。」

倉父不做聲。

小倉說：「爸爸，他們大約吃東西去了」

倉父仍舊不做聲。

繁与简

還（还） 幾（几） 聲（声） 鬧（闹） 陣（阵） 約（约） 舊（旧）

小倉說：「爸爸，您爲甚麼不答應呢？」

倉父似乎失了知覺。

小倉說：「哎呀！爸爸昏去了，怎麼辦呢？」

一隻狗搖著尾巴來了。

小倉說：「狗，你替我回家報個信罷。叫他們來救我們。但是你不會說話，

繁与简

應（应）覺（觉）辦（办）報（报）話（话）

怎麼辦呢！」
狗搖搖尾巴。小倉低頭想。
小倉說：「有啦，有啦！」
他把袋裏的骨針掏出來，扯下一大塊樹皮，在樹皮的反面刻圖。刻的是兩個人被綁在樹上。刻好了，把韌皮扯下一條來，做繩子，再把刻的圖掛在狗頸上。

小倉刻的第一封信

小倉說：「狗啊！你快些回去報信罷。走呀，快

繁与简

塊（块）圖（图）韌（韧）條（条）繩（绳）掛（挂）頸（颈）

走呀！」

狗真走了。幕閉。

第四幕

人物 狗 倉母 酋長 族人。

布景 小倉家的門口。

幕開：狗帶了樹皮圖走來，汪汪地亂叫。倉母從門內走出來。

倉母說：「回來了嗎？人呢？」

四面看看。狗仍舊亂叫。倉母發現了狗頸上的樹皮，趕快解下來細看。

繁与简

長（长） 門（门） 開（开） 從（从） 嗎（吗） 發（发） 現（现） 趕（赶） 細（细）

倉母說：「哎呀，不好啦！這上面刻的，不是他們父子兩個麼？綁在樹上了！誰把他們綁起來的呢？他們遇難了，一定遇難了！」

倉母發抖了，哭了。一會兒，他去打簷下的皮大鼓。一會兒許多

披著皮衣的族人，都帶著弓箭長槍跑來了，雄偉的酋長也來了。

酋長說：「出了甚麼事呢？」

倉母拿圖給酋長看。

酋長說：「哎呀！這是小倉的父子嗎？他們遇

繁与简

這（这）誰（谁）難（难）簷（檐）許（许）偉（伟）

難了，我們應當去救他們。」

倉母說：「他們一早就出去。這個消息，還是狗帶回來的呢。」

酋長說：「兄弟們，來！我們快去救他們啊！狗，你領路。」

狗在前，酋長帶著族人

族人出兵

繁与简

領（领）

在後，倉母跟在後面，一聲大叫「走呀！」幕閉。

第五幕

人物　小倉　倉父　倉母　野人　族人　酋長。

布景　同第三幕。

幕開：野人圍著倉父小倉跳舞。這時候倉父已醒了。跳舞完了，野人的領袖拿著木棍，惡狠狠地要打倉父。野人們都坐在地上看。

倉父說：「小倉，他們要打死我呢！」

小倉說：「哎呀！我怕極啦！」

繁与简
時（时）
惡（恶）
極（极）

酋長帶了族人上來，野人起來抵抗，一陣亂打，野人們都逃走了。倉母用刀把綁倉父的繩子割斷，又把小倉解下來，三個人擁抱著。

倉母說：「你們吃苦了！」

倉父走過去向酋長磕頭。

繁与简

斷（断）

擁（拥）

會長說：「你不必謝我們。我們不得到你的信息，也永遠不會來救你的。」

說著，拿出樹皮圖來。

會長說：「這是你刻的麼？你眞聰明！」

倉父說：「這不是我刻的。」

會長說：「一定是小倉刻的了。」

小倉點點頭。

會長說：「你眞聰明！你救了你爸爸和你自己，你發明了報信的方法。我們將來可以學你，造出種種符號來表示意思。你是一

繁与简

謝（谢） 遠（远） 聰（聪） 點（点） 將（将） 號（号）

個創造者，你是一個大發明家，我們應該祝賀你！」

說著，大家跳起來歡呼「小倉萬歲！」幕閉。（完）

〔做〕刀、槍、棍、棒、……許多表演用的東西，預備表演。

〔讀〕下面的故事。

上古的時候，倉父帶了小倉和一隻狗，到山裏去，打獵；被野人捉住，綁在樹上。小倉見野人走開了，就拿樹皮用骨針刻一個圖，掛在狗頸上，叫狗回去報信。倉母見了，把圖給會長看。會長知道他們遇難了，就帶著族人，前去救他們。後來族人把

繁与简

創（创）　賀（贺）　萬（万）　歲（岁）　讀（读）　回（回）

野人打敗，把倉父和小倉都救回來。

二十八　喜鵲給燕子的一封信

親愛的燕：

您現在好麼？您一家好麼？怎麼去了兩個多月，沒有一封信來，大約貪玩南方風景，忘了我罷！

您走後，這邊就漸漸地冷下來。不但樹木、花、草，一大半枯凋；昨兒我經過謝家門口，只見門巷空空，沒有一點兒舞影歌聲，也覺得十分

繁与简

敗（败）鵲（鹊）給（给）親（亲）愛（爱）現（现）麼（么）兩（两）個（个）來（来）約（约）貪（贪）風（风）罷（罢）後（后）這（这）邊（边）

漸（渐）樹（树）兒（儿）經（经）過（过）謝（谢）門（门）見（见）點（点）聲（声）覺（觉）

冷落呢。

我只望春天到來，再和您在春景美麗的花園中相會，看您的麗影，聽您的歌聲！

再見罷，燕，祝您快樂！

鵲　一三，一八

南海縣紅領街一號

高飛燕小姐　啟

南京烏衣巷三號鵲寄

繁与简

麗（丽）園（园）會（会）聽（听）聲（声）樂（乐）縣（县）領（领）號（号）飛（飞）烏（乌）

二十九　天然的五線譜

「咿咿，唔唔！　咿咿，唔唔！」

是誰把琴弦輕撫？

「喞喞，咀咀！　喞喞，咀咀！」

是誰把歌聲輕吐？

喔！原來是風吹電線，

麻雀在高頭立足。

看哪，聽哪！

這是天然的五線譜。

繁与简

線（线）　譜（谱）　誰（谁）　輕（轻）　撫（抚）　聲（声）　來（来）　風（风）　頭（头）　聽（听）　這（这）

三十二　國曆便

國曆便，三百六十五日爲一年。
高處大月低處小，
拳上可分辨。
四個月，三十天，
其餘三十一；
只有二月二十八日，
四年加一天。

〔寫〕把空的地方寫出字來。

繁与简

國（国）歷（历）爲（为）處（处）個（个）餘（馀）寫（写）來（来）號（号）

第六册

一 晨風

晨風輕輕地飄， 來把小窗兒敲。
牠說：「小朋友們該起早，
你想天青、霜白， 屋上炊烟未裊，
春初的早上， 空氣多麼好？」

☆ ☆ ☆ ☆ ☆

晨風嗚嗚地吹， 來把小窗兒推。
牠說：「小朋友們別貪睡，
你看梅黃、松翠， 簷前紅日相窺，

繁与简

風（风） 輕（轻） 飄（飘） 來（来） 兒（儿） 牠（它） 說（说） 們（们） 該（该） 裊（袅） 氣（气） 麼（么） 嗚（呜） 貪（贪） 簷（檐） 紅（红） 窺（窥）

春初的早上，　風景多麼美？」

〔畫〕將前圖照歌的意思上顏色。

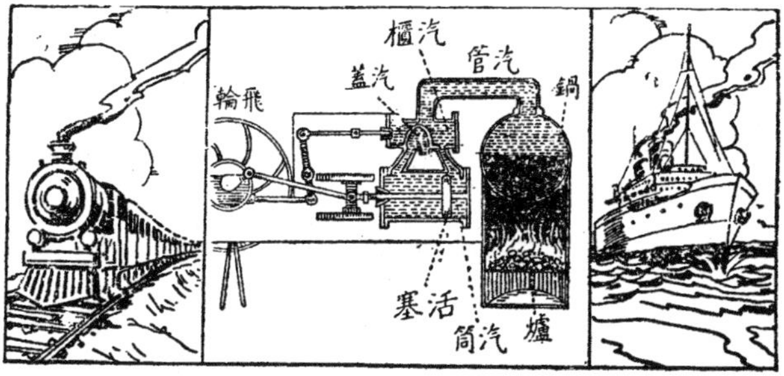

二　發現汽力的瓦特

汽是沸水化成的，粗看起來，沒有甚麼力量。可是牠的力量，實在很大，能夠推著輪船火車，走很遠的路；還能夠掀動極大的機器，做出各種物品來。——從前，大家不知道，直到瓦特十

繁与简

畫（画）將（将）圖（图）顏（颜）發（发）現（现）來（来）甚（什）麽（么）牠（它）實（实）夠（够）輪（轮）車（车）遠（远）動（动）極（极）

機（机）種（种）從（从）鍋（锅）爐（炉）櫃（柜）蓋（盖）飛（飞）

二歲的時候，才把汽力發現了。

瓦特從小身體很弱，常常生病，不很開口說話，看起來好像是個呆子。但是他並不呆，比平常的小孩聰明得多呢。

有一天，他在火爐旁邊玩耍，聽見火爐上面撲撲地響；回頭一看，只見蓬蓬的汽，掀著水壺蓋沖出來，正在一跳一跳地動呢。——在平常的小孩子，誰也不會留心這些事情可是瓦特看了就想出許

繁与简

歲（岁）時（时）體（体）開（开）說（说）話（话）個（个）並（并）聰（聪）邊（边）聽（听）撲（扑）響（响）頭（头）見（见）壺（壶）沖（冲）誰（谁）會（会）這（这）許（许）

多道理來了。他覺得水化的汽，有很大的力量，能夠掀起壓在上面的東西；這一種力量實在很可以利用。

因此，他就很用心地研究，想利用汽力，推動東西。後來，他在一個大學裏做校工，研究的機會更多，到底被他發明了利用汽力的「蒸氣機。」

蒸氣機發明之後，各種做工的機器和輪船、火車跟著發明，世界也就大大的改變了。

〔做〕用水壺煑水看汽怎麽樣推動壺蓋。

繁与简

覺（觉）壓（压）東（东）後（后）變（变）煑（煮）樣（样）

三　冬風給春風的信

春風先生：

我知道你工作很忙，本來不敢來麻煩你。但是我有一個問題，不能不向你請教。

我和你同是風，實在沒有甚麼兩樣；可是人家對我和你的態度，卻截然不同。他們碰見了我，不是撇著臉，不願見面；便是縮著頸，趕快避開。可是碰見了你呢，不但不躲避，反很歡迎呢！梅花、楊柳那些怪東西也是如此，見了我苦嘴苦臉，見了你卻露出笑容來！

繁与简

風（风）給（给）來（来）煩（烦）個（个）問（问）題（题）請（请）實（实）甚（什）麼（么）兩（两）樣（样）對（对）態（态）們（们）見（见）

臉（脸）願（愿）縮（缩）頸（颈）趕（赶）開（开）歡（欢）楊（杨）東（东）

我不懂這是甚麼緣故？或者你有甚麼祕訣，使他們歡迎你？這緣故，這祕訣，你能夠告訴我麼？要是你能夠告訴我，我就感激不盡了！

因為你工作忙，不多說了。祝你快樂。並望你給我一個回信。

冬風 二、二六。

四　春風覆冬風的信

冬風哥哥：

你的信我收到了。承你下問，我高興得很。極願意很率直的答覆你。

繁与简

這（这）緣（缘）祕（秘）訣（诀）訴（诉）盡（尽）為（为）説（说）並（并）個（个）風（风）問（问）興（兴）極（极）願（愿）

你因為人家歡迎我而不歡迎你，問我是甚麼緣故，或者有甚麼祕訣。其實這是很簡單的，就是我們的態度不同，我比你溫和些而你比我嚴厲。人物都愛溫和而怕嚴厲，所以我常用溫和的態度對人，這或者就是我的祕訣。

你要知道：我這溫和的態度，不但能使梅花、楊柳露笑容，並且能使樹木回生，花開草發，百鳥出來唱歌，蜂蝶出來跳舞，枯寂的世界變成美麗的世界。你如果不信，請看將來罷。

繁与简

為（为） 歡（欢） 甚（什） 麼（么） 緣（缘） 祕（秘） 訣（诀） 實（实） 這（这） 簡（简） 單（单） 們（们） 態（态） 嚴（严） 厲（厉） 愛（爱） 對（对）

楊（杨） 並（并） 樹（树） 開（开） 發（发） 鳥（鸟） 來（来） 變（变） 麗（丽） 請（请） 將（将） 罷（罢）

你原諒！

專此，草草上覆，祝你安吉。直率之處，並望

春風 二、一七。

〔寫〕替春風寫一個信封：

東來縣和平鄉温家村

春風先生 啟

北地嚴莊冬風寄

〔想〕我們應當用怎麼樣的態度對人？

繁与简

專（专） 處（处） 諒（谅） 寫（写） 個（个） 東（东） 縣（县） 鄉（乡） 啟（启） 嚴（严） 莊（庄） 應（应） 當（当） 樣（样）

五　夜行的禁令

公安局出了一张告示，白纸上写著黑字说：

「晚上出行，燈必須帶，
如違禁令，拘罰不貸！」

因爲這兒沒有電燈，也沒有路燈，所以公安局要人家帶燈出行，以便查察。

當天晚上，警察看見一個人從暗中慢慢地走來，就上前將他一把抓住，問他叫甚麼名字，爲甚麼不帶燈。那人說：「我叫沈能言。」說著，

繁与简

張（张）　紙（纸）　寫（写）　說（说）　燈（灯）　須（须）　帶（带）　違（违）　罰（罚）　貸（贷）　爲（为）　這（这）　兒（儿）　電（电）　當（当）　見（见）　個（个）　從（从）　來（来）　將（将）　問（问）　甚（什）　麼（么）

把手一揚說：「這不是燈是甚麼？」警察說：「燈裏蠟燭也沒有插呢！」沈能言說：「告示上並沒有說過要插蠟燭啊。」警察沒有話說，只得放他走了。

第二天，公安局的告示改了，寫的是：

「晚上出行，帶燈插蠟，
如違禁令，定必拘罰！」

這天晚上，警察又看見一個人，從暗中慢慢地走來，又上去把他抓住，問他是甚麼人。那人

繁与简

揚（扬） 裏（里） 蠟（蜡） 燭（烛） 並（并） 過（过） 話（话） 這（这）

說：「我是沈能言。」警察說：「昨兒便宜了你，今兒可不放你了！」沈能言說：「我照告示辦了，還要罰我嗎？」說著，把手裏的燈籠給警察看，裏面已經插上蠟燭了。警察說：「爲甚麼不點火呢？」沈能言說：「告示上並沒有說要點火啊。」警察沒有話說，又只得放他行走。

第三天，公安局的告示又改了，寫的是：

「晚上出行，必須點燈，

如違禁令，定必嚴懲！」

繁与简

辦（办）還（还）嗎（吗）籠（笼）給（给）裏（里）經（经）點（点）嚴（严）懲（惩）

六 没有主张的老人

一個老，一個小，父子兩個去趕集，牽著黑驢路上跑。顛腳的看見了，就説：「這兩個人眞可笑，放著驢子只管跑，不怕腳上起水泡！」

老人聽，點點頭，翻身騎上小黑驢，叫他兒子隨在後。老婦人看見了，就説：「此老私心眞少

繁与简

張（张）個（个）兩（两）趕（赶）牽（牵）驢（驴）顛（颠）腳（脚）見（见）説（说）這（这）聽（听）點（点）頭（头）騎（骑）兒（儿）隨（随）後（后）婦（妇）

有，自己騎在驢背上，卻叫兒子跟著走！」

老人聽，忙停步，讓他兒子騎驢背，自己趕路做驢夫。小老頭看見了，就說：「這樣未免太糊塗，一個騎驢一個走，小的舒服老的苦！」

老人聽，心又移，就和兒子同騎驢，壓得那驢頭也低。小學生

繁与简

卻（却）
讓（让）
趕（赶）
樣（样）
塗（涂）
壓（压）
學（学）

看見了，就說：「希奇眞也太希奇，怎麽不顧驢死活，兩人同把一驢騎！」

老人聽，沒主張，只得用繩綁驢腳，兩人抬著上橋梁。那黑驢嚇昏了，拚命亂掙，好像發了狂只聽見撲通一聲，連人跌下水中央！

〔想〕要是你自己是趕集的老人，你便怎麽樣？

繁与简

麽（么）　顧（顾）　繩（绳）　綁（绑）　橋（桥）　嚇（吓）　亂（乱）　發（发）　撲（扑）　聲（声）　連（连）

十 春來了

春來了：
牠帶著暖日做的火爐，
來把冰天烤；
牠帶著和風做的掃帚，
來把雪地掃；
牠帶著微雨做的溫湯，
來把植物澆；
牠帶著輕雷做的晨鐘，
來把動物叫。

繁与简

來（来）牠（它）帶（带）爐（炉）風（风）掃（扫）湯（汤）澆（浇）輕（轻）鐘（钟）動（动）

你看：冰已解，雪已消，
草、木回生、花吐苞，蟲、蟻啓蟄、鳥營巢，
一切齊改變，萬物都歡笑。

十一　衆鳥營巢

喜鵲是建築師，最會造窠。所以畫眉、老鴉、老鷹、麻雀、燕子、鵓鴣，都來做牠的學生，跟牠學習。

喜鵲做窠給牠們看，叫牠們照

繁与简

蟲（虫）　蟻（蚁）　啓（启）　蟄（蛰）　鳥（鸟）　營（营）　齊（齐）　變（变）　萬（万）　歡（欢）　衆（众）　鵲（鹊）　築（筑）　師（师）　會（会）　畫（画）　鴉（鸦）

鷹（鹰）　鵓（鹁）　鴣（鸪）　來（来）　牠（它）　學（学）　習（习）　們（们）

樣做。

喜鵲銜些泥來，剛做成一個凹形的圓餅，畫眉就說：「我已學會了！」一飛回去照樣做。所以畫眉的窠，至今還是凹形的圓餅，一點也沒有進步

喜鵲又銜些短樹枝來，放在圓餅的四周，老鴉就說：「我也學會了！」也飛回去照樣做。所以老鴉的窠，至今還是圓餅上面放些短

繁与简

樣（样） 銜（衔） 剛（刚） 個（个） 圓（圆） 餅（饼） 説（说） 飛（飞） 還（还） 點（点） 進（进） 樹（树）

樹枝，一點也沒有改良。

喜鵲又銜些泥來，放在短樹枝上，塗得又光又滑。老鷹說：「這也容易得很！」一就飛回去，銜些短樹枝來，再塗上些泥土，卻忘了先做泥餅。所以老鷹的窠，至今還是這樣非常簡單。

喜鵲又取些細長的樹枝來，把牠弄彎了，擱在窠的周圍。麻雀說：「這有甚麼難處呢？」一就飛回去，銜些短樹枝來，再加些細長的樹枝，連

繁与简

塗（涂）　卻（却）　簡（简）　單（单）　細（细）　長（长）　彎（弯）　擱（搁）　圍（围）　難（难）　處（处）　連（连）

泥也沒有塗。所以麻雀的窠，至今還是如此，非常草率。

喜鵲又取些羽毛來，鋪在窠裏，把窠做成了。燕子看得最仔細，牠說：「沒有別的法子了嗎？那麼我回去試一試罷。」於是牠回去，照樣銜泥、銜草做成了窠，還鋪些羽毛在窠裏。所以燕子的窠，和喜鵲的窠差不多。

鶺鴒又笨又懶，又喜歡講話，一

繁与简

鋪（铺） 裏（里） 嗎（吗） 麼（么） 試（试） 罷（罢） 於（于） 懶（懒） 歡（欢） 講（讲）

點也不留心學。所以沒有學會甚麼，至今不會做窠。

〔想〕學習要怎麼樣才學得會？

〔寫〕把前面每個圖寫一句句子。

十三　四時黃花曲

黃花岡下黃花黃，蕓薹滿地蜜蜂忙。花輸甜汁蜂輸力，辛苦爲人做蜜糖。

黃花岡下黃花黃，滿地宜男萱草香。但願子孫相繼起，能和先烈共流芳。

繁与简

寫（写）　圖（图）　時（时）　岡（冈）　蕓（芸）　滿（满）　輸（输）　爲（为）　願（愿）　孫（孙）　繼（继）

黄花岡下黄花黄，菊如先烈性堅剛。滿身穿著黄金甲，秋雨秋風上戰場。

黄花岡下黄花黄，朵朵臘梅香又香。冰、雪、風、霜都不怕，十分勇敢十分強。

〔畫一寫〕 把下面的四個圖上顏色，並且把沒有句子的圖照樣寫一句。

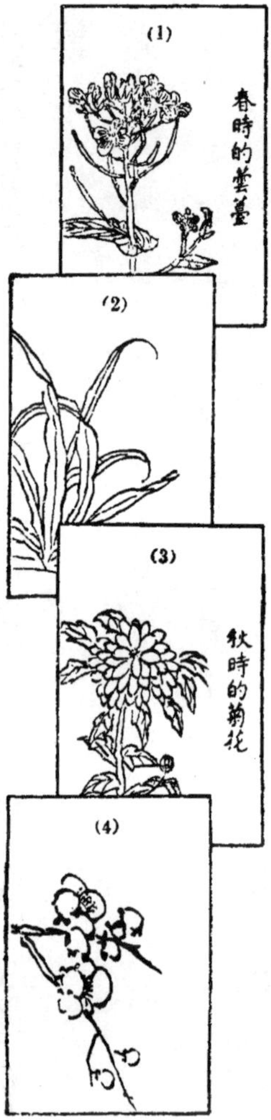

繁与简

堅（坚） 剛（刚） 風（风） 戰（战） 場（场） 臘（腊） 畫（画） 寫（写） 個（个） 圖（图） 顏（颜） 並（并） 樣（样）

十五 毛蟲的故事

春天來了,她頭上戴著花,身上穿著水綠色的衣裙,翩翩地在山、野、田園間遊玩。她看見樹椏枝上,掛著一個褐色的包。她知道包裏有毛蟲睡著,從深秋經過冬天到現在,已經好幾個月了。

春天想:「毛蟲還睡著呢。不久,牠要醒了。我來弄些玩藝兒,使牠醒來的時候,猛吃一驚。」於是她對草說:「我要世界變得很美,使毛

繁与简

蟲(虫) 來(来) 頭(头) 綠(绿) 園(园) 間(间) 遊(游) 見(见) 樹(树) 椏(桠) 掛(挂) 個(个) 裏(里) 從(从) 經(经) 過(过) 現(现)

幾(几) 還(还) 牠(它) 藝(艺) 時(时) 驚(惊) 於(于) 對(对) 說(说) 變(变)

蟲醒來猛吃一驚，你肯幫忙麼？」草點點頭，即刻把嫩葉伸出來使地面變成青青的顏色但是毛蟲仍舊睡著，一點兒也不知道。

春天又對河說：「我要世界變得很美，使毛蟲醒來猛吃一驚，你肯幫忙麼？」河笑一笑，即刻跳舞起來，並且汨汨地唱歌。但是毛蟲仍舊不醒。

春天又對花木說：「我要世界變得很美，使毛蟲醒來，猛吃一驚，你肯幫忙麼？」花木也點頭笑笑，即刻生出芽來，長成花苞，開著各色的

繁与简

幫（帮）
麼（么）
點（点）
葉（叶）
顏（颜）
舊（旧）
長（长）

【注释】

汨汨，应为汩汩。

花，非常美麗。但是毛蟲還沒有醒呢。

春天輕輕地說：「世界已經改造了，毛蟲快醒，快快醒！」

忽然出了一件奇事！有一隻頂好看的蝴蝶，不知從甚麼地方來的。牠翅上的顏色，青的像草，綠的像水，紅的、黃的、白的像花，美麗得很。牠飛到東，飛到西，看著眼前的世界，十分驚奇。

繁与简

麗（丽） 輕（轻） 經（经） 隻（只） 頂（顶） 甚（什） 紅（红） 飛（飞） 東（东）

草、河、花、木都說：「牠是誰？是不是天上飛下來的仙人？」春天笑着說：「不！牠就是毛蟲！」春天的話一點兒也不錯，椏枝上掛的那褐色的包，已經破了，空了。

〔做〕找幾個毛蟲的窩，（就是褐色的包）看毛蟲怎麽樣變成蝴蝶。

繁与简

誰（谁）
話（话）
錯（错）
椏（桠）
窩（窝）
樣（样）

十六　春日的園庭

春日的園庭，滿佈著美景：
疊石如屏，曲池如鏡，
芳草成茵，繁花滿徑。
翩翩的蝴蝶，宛轉的黃鶯，
就好像神仙姑娘，
住在這神仙境。
我在此坐、臥、遊、行，賞玩美景；
願常與神仙姑娘相親近，
好似不分離的形和影。

繁与简

園（园）滿（满）佈（布）疊（叠）徑（径）轉（转）鶯（莺）這（这）臥（卧）遊（游）賞（赏）願（愿）與（与）親（亲）離（离）

十七　三個聰明的笨人

從前有一個縣官，不知爲甚麼緣故，他要差役在三天之內，去找三個聰明的笨人，送到衙門裏來。

差役奉命之後，便往各處去找。第一天一個也沒有找到。第二天，看見一個人騎在馬上，肩上擱著一個包裹。差役問他說：

繁与简

個（个）聰（聪）從（从）縣（县）爲（为）甚（什）麼（么）緣（缘）裏（里）後（后）處（处）見（见）騎（骑）馬（马）擱（搁）問（问）説（说）

「你為甚麼不把包裹放在馬背上呢?」那人說:「這馬已經騎上一個人;再放上一個包裹,就太重了,牠怎麼走得動呢?」差役說:「好,第一個聰明的笨人找到了!」就不由分說,把他抓到衙門裏去。

第三天,看見一個鄉下人拿著一根竹竿進城:因為豎著拿,城門沒有這麼高,橫著拿,城門又沒有這麼闊,便折

繁与简

這(这)　經(经)　牠(它)　動(动)　門(门)　鄉(乡)　進(进)　豎(竖)　闊(阔)

成了兩截，拿進城去。差役認爲這是第二個聰明的笨人，也就把他帶到衙門裏去。

第四天，差役帶著兩個笨人去見縣官。把兩個人所做的事情，一一告訴了他。縣官聽了第二個笨人所做的笨事，便笑著說：「這人眞笨極啦！怎麼不把竹竿從城牆上扔過去呢？」差役聽了，連忙說：「現在，小的找到第三個聰明

繁与简

兩（两） 認（认） 帶（带） 訴（诉） 聽（听） 極（极） 牆（墙） 過（过） 連（连）

的笨人了。」縣官把人數點了一點說：「只有兩個啊，第三個在哪兒呢？」差役把膝一屈說：「小的不敢說。」縣官說：「你說不妨。」差役就說：「第三個聰明的笨人，就是老爺！」

〔想想〕

(1) 騎馬的把包裹怎麽樣安放才不算笨？

(2) 鄉下人把竹竿怎麽樣拿進城才不算笨？

十八　妖人和妖法

從前蘇州地方，製造一種五色辮帶，可以做衣裳上、手巾上……的種種裝飾。所以銷路很

繁与简

數（数）　點（点）　兒（儿）　爺（爷）　樣（样）　從（从）　蘇（苏）　製（制）　種（种）　辮（辫）　帶（带）　裝（装）　飾（饰）　銷（销）

廣，不但蘇州流行，別的地方也很流行。

可是織帶的法子太笨了，一個人用一副織機，一天只能織三丈多；極快的織手，每天也不過織到四丈左右。

有一個聰明的織工，覺得一個人用了許多力氣，織幾分闊的帶子，太不上算。要是同時能織十條，那就上算得多了。於是他日夜想法，造一種新式的織

繁与简

廣（广） 織（织） 個（个） 機（机） 極（极） 過（过） 聰（聪） 覺（觉） 許（许） 氣（气） 幾（几） 闊（阔） 時（时） 條（条） 於（于）

機，希望能夠同時織十條帶。他試驗又試驗，那織機居然同時可以織兩條帶了。再試驗，再改良，居然可以織五條帶了，他心裏非常歡喜，以為同時織十條帶的理想，不久也就可以實現。許多人來看見了，都稱讚他聰明，想學他的法子。他也很願意把法子傳給別人。

不料有一天，他正在家裏畫那同時可織十條帶的織機圖樣，忽然許多差役擁進門來，將他一把抓住，連人和織機以及剛才打的圖樣，

繁与简

夠（够）試（试）驗（验）兩（两）裏（里）歡（欢）為（为）實（实）現（现）來（来）見（见）稱（称）讚（赞）聰（聪）學（学）願（愿）傳（传）

給（给）畫（画）圖（图）樣（样）擁（拥）進（进）將（将）連（连）剛（刚）

一起帶到縣衙門裏去了！原來老織工們已經向縣官起訴，請縣官拿辦他呢。

這件新聞傳開了，好事的都跟到衙門裏去看熱鬧。不一回，縣官上堂了。他先向老織工問了許多話，再叫聰明的織工上去問話。末了，他把驚堂木一拍，高聲說：「你是妖人，你造了這件妖物，一個人可以奪四個人

繁与简

縣（县）門（门）們（们）經（经）訴（诉）請（请）辦（办）這（这）聞（闻）開（开）熱（热）鬧（闹）話（话）聰（聪）驚（惊）聲（声）説（说）奪（夺）

的衣食；並且你心裏還不足，要想法改造妖物，一個人奪十個人的衣食。你該嚴辦，我不能饒你！」

於是縣官叫差役把妖人大打一頓，把妖物和妖圖也都燒了。因此，很巧的發明，便遇了阻力。蘇州織辮帶的方法，直到現在，還沒有改良！

〔想〕照道理，縣官應當怎麽樣待那聰明的織工？

十九　勞工國

勞工國有許多，都建立在風景很美的百花

繁与简

並（并）還（还）該（该）嚴（严）辦（办）饒（饶）於（于）頓（顿）燒（烧）發（发）應（应）當（当）勞（劳）國（国）許（许）風（风）

叢裏。最大的勞工國，約有勞工四五萬和一個「國母，」幾百或一二千個國母的侍役。

勞工們全是女性。做工的時候，分爲四組：一組製造糧食，一組建築房屋，一組保育小孩，一組防禦外侮，——分配得很平均，而且時常調換，不是一輩子專做一種工作的。

國母身體特別長大。她是勞工們的媽媽，所以勞工們都服從她。最奇怪的，全國只有她一個會生小孩，所以她一天能生一百多個，每年

繁与简

叢（丛） 裏（里） 約（约） 萬（万） 幾（几） 們（们） 時（时） 爲（为） 組（组） 製（制） 糧（粮） 築（筑） 禦（御） 調（调） 輩（辈） 專（专） 種（种） 體（体） 長（长） 媽（妈） 從（从） 會（会） 個（个）

能生幾萬個。所生的小孩中間，要是出了一個新國母，她便帶了勞工們，離開舊國，去建新國，所以勞工國越分越多。

國母的侍役是男性，專門服侍國母，不做別的工作。到了冬天，勞工們怕糧食不夠分配，便把他們刺死，不留一個。——這也是不做工的結果。

勞工們身上都帶毒針，碰著了敵人，便用毒針去刺。但是她們的毒針只能用一次，用過一

繁与简

間（间）　帶（带）　離（离）　舊（旧）　夠（够）　這（这）　結（结）　針（针）　敵（敌）　過（过）

次之後，毒針完了，她們的性命也沒有了。所以她們非到了沒有辦法的時候，不願意用毒針刺人。

勞工們各自做工，大家有飯吃，所以國內沒有貴族，沒有富人，沒有盜賊，也沒有罪犯。小朋友們要知道勞工國到底是甚麼，請細看下圖！

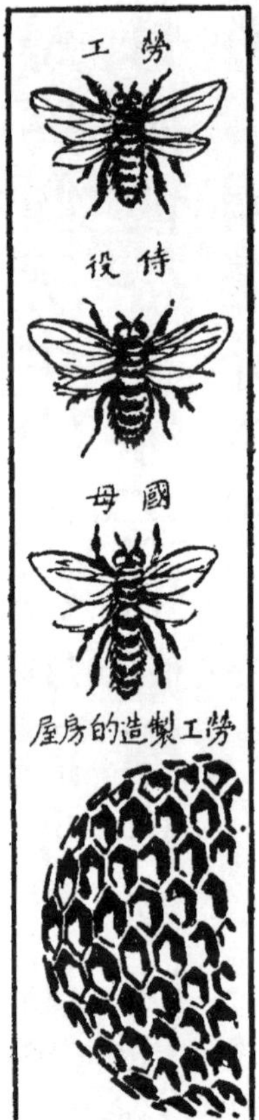

繁与简

後（后） 辦（办） 願（愿） 飯（饭） 貴（贵） 盜（盗） 賊（贼） 甚（什） 麼（么） 請（请） 細（细） 圖（图）

二十　勞動新山歌

人都說搖船的朋友苦連天，
我唷唷啊啊也搖過十多年！
看不盡的青山、綠水繁華景，
吃不盡的魚、蝦、螺、蚌各新鮮！

★　★　★　★　★

人都說打鐵的朋友苦連天，

繁与简

勞（劳）　動（动）　說（说）　連（连）　過（过）　盡（尽）　緑（绿）　華（华）　魚（鱼）　蝦（虾）　鲜（鲜）　鐵（铁）

我叮叮噹噹也打過十多年！
打出鐮刀彎彎好比天邊月，
打出鋤頭、釘鈀可以種良田！
人都說磨豆腐的朋友苦連天，
★ ★ ★ ★ ★
我咕咕嚕嚕也磨過十多年！
做出豆腐白嫩好比美人手，
做出千張等物、物美價又廉！
〔想〕 做勞工要怎樣就不覺得苦？

繁与简

噹（当） 鐮（镰） 彎（弯） 邊（边） 鋤（锄） 頭（头） 釘（钉） 鈀（钯） 種（种） 嚕（噜） 張（张） 價（价） 樣（样） 覺（觉）

二五 勇荀灌突圍求救

荀灌是一個十三歲的女孩子，她跟著父親荀崧，住在宛縣（現在河南省南陽縣）地方。忽一日，賊兵來打宛縣。荀崧原是宛縣的守將，可是兵少力弱，抵敵不過，只得關上城門，登

繁与简

圍（围）個（个）歲（岁）親（亲）縣（县）陽（阳）賊（贼）將（将）敵（敌）過（过）關（关）門（门）

城拒守。賊兵將宛縣的城池圍住，一連好多天，只是不退。城中糧食漸盡，荀崧想派人到石覽那邊去討救兵，但是部下許多將士，沒有一個敢突圍而出的。荀崧無法可想，急得嘆氣連連，飯也吃不下去。

荀灌見了，便對荀崧說明自願前去求救。荀崧搖頭說：「你雖有些武藝，但到底是一個女孩子，被敵兵捉住了，

繁与简

連（连） 雖（虽） 糧（粮） 藝（艺） 漸（渐） 盡（尽） 覽（览） 邊（边） 討（讨） 許（许） 無（无） 嘆（叹） 氣（气） 飯（饭） 見（见） 對（对） 說（说） 願（愿） 頭（头）

不是白送性命麼？」荀灌說：「城破了，性命也一定不保，與其坐著等死，倒不如拚命前去，或者可以求得救兵，救了全城的性命！」

荀崧見她說得有理，就答應了。連夜叫她帶了幾十個勇士，趁著天色黑暗，爬城出去，突過賊營。賊兵覺著了，便一窩蜂似的前來追趕。那荀灌一點也不怕和勇士們從容應戰，且戰且走，

繁与简

麼（么）與（与）應（应）帶（带）幾（几）營（营）覺（觉）窩（窝）趕（赶）點（点）們（们）從（从）戰（战）

到底逃入山中，沒有被賊兵追著。荀灌到了石覽營中，說明來意。石覽本是荀崧的舊部，又見荀灌如此勇敢，便滿口答應了。還怕賊兵衆多，不能解圍；荀灌又用父親的名義，寫了一封信給周訪，向周訪求救。周訪叫兒子周撫帶領三千人馬，會合石覽的兵，一同去救宛縣。賊兵不能抵敵，只得散去。宛縣全城的性命就保全了。

繁与简

舊（旧） 滿（满） 還（还） 衆（众） 義（义） 寫（写） 給（给） 訪（访） 兒（儿） 撫（抚） 領（领） 馬（马） 會（会）

二六 百獸舞

風吹草木聲呼呼，
半夜深山百獸舞。
蓬頭獅子成行列；
長尾豺狼排隊伍；
金錢豹，白額虎，
也各一雙爲一組：
你翻觔斗我打滾，舞爪、張牙還踏步。
巧的猴，靈的狐，長臂、細腰屈又舒。

繁与简

獸（兽） 風（风） 聲（声） 頭（头） 獅（狮） 長（长） 隊（队） 錢（钱） 額（额） 雙（双） 爲（为） 組（组） 張（张） 還（还） 靈（灵） 細（细）

可笑老象也加入，搖頭擺鼻舉動粗！
跳舞未罷求飽腹，鮮肉共餐免與鹿；
小猴、老象都吃素，野果、野菜塞滿肚。
天明亮，日當午，百獸無聲歸洞府。

二七 田裏埋著五十塊錢

王大，王二，是一對有名的懶兄懶弟。父親老王，時常教他們勤苦做事，他們嘴裏雖然答應，可是仍舊懶惰得很，一點也不肯努力。

繁与简

擺（摆） 舉（举） 動（动） 罷（罢） 飽（饱） 鮮（鲜） 與（与） 滿（满） 當（当） 無（无） 聲（声） 歸（归） 裏（里） 塊（块） 錢（钱） 對（对） 嬾（懒）
親（亲） 時（时） 們（们） 雖（虽） 應（应） 舊（旧） 點（点）

老王將死的時候，看著兩個兒子，心裏著實擔憂；就叫了他們來，站在牀前，想叮囑一番，叫他們好好地做人。繼而，料想他們也不會聽他最後的說話，只得嘆了一口氣，慢慢地說：「可憐我老王勤苦一世，也沒有甚麼積蓄，可是我們田裏還埋著五十塊錢，我死之後，你們去發掘罷！」老王說完了這句話，一口氣

繁与简

將（将）兩（两）個（个）兒（儿）實（实）擔（担）憂（忧）來（来）牀（床）囑（嘱）繼（继）會（会）聽（听）後（后）說（说）話（话）嘆（叹）

氣（气）憐（怜）甚（什）麼（么）積（积）還（还）發（发）罷（罢）這（这）

接不上來，就「一命嗚呼」了。這正是麥已上場，秧未插下的時候；王大，王二，不等喪事完畢，就拿著鋤頭釘鈀到田裏去發掘。兩個人東也翻，西也挖。人家問他們做甚麽，他們只說：「先父的遺囑，田要耕得深，收成才會好。」大家聽了，都點點頭，心裏想：「這一對懶兄懶弟，現在也知道努力了，眞正難得！」

繁与简

嗚（鸣） 麥（麦） 場（场） 喪（丧） 畢（毕） 鋤（锄） 頭（头） 釘（钉） 鈀（钯） 東（东） 問（问） 遺（遗） 現（现） 難（难）

可是他們把二十畝田都掘過了，也沒有掘到銀子，只得把秧種下，等秋收之後，再作道理。這一年，因爲稻種得很熟。秋收時，卻多了五石白米；將米賣去，恰巧得了五十塊錢，因此，他們明白父親的意思了，再也不嬾惰了。後來，他們對於種田，更有興趣，還和鄉人們組織合作農場，用新法選種、施肥，用機器耕田、打水，……使鄉人們，也家家多收五十塊錢。

〔想〕怎麽樣種田才會多收米穀？

繁与简

畝（亩） 過（过） 銀（银） 種（种） 爲（为） 卻（却） 將（将） 賣（卖） 於（于） 興（兴） 鄉（乡） 組（组） 織（织） 農（农） 選（选） 機（机） 樣（样） 穀（谷）

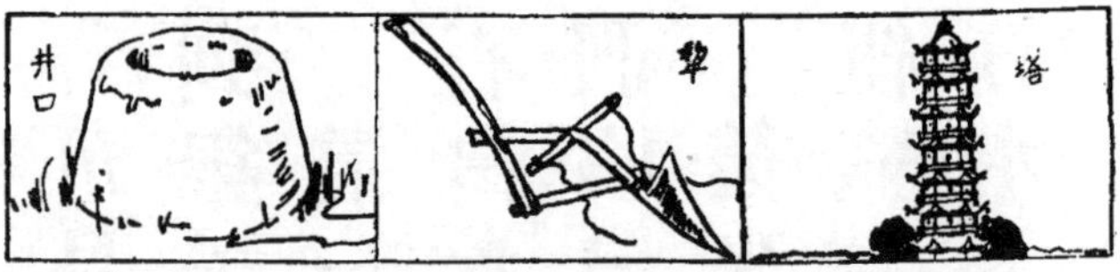

二八　對答山歌

甚麽尖尖尖向天？甚麽尖尖好種田？甚麽尖尖娘手裏用？甚麽尖尖常在學生前？

寶塔尖尖尖向天，犂鈀尖尖好種田，繡花針尖尖娘手裏用，筆桿兒尖尖常在學生前。

甚麽圓圓圓向天？甚麽圓圓好種田？甚麽圓圓娘手裏用？甚麽圓圓常在學生前。

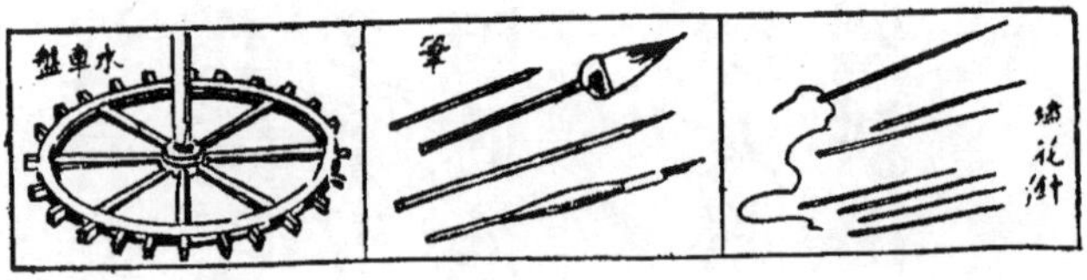

繁与简

對（对）甚（什）麽（么）種（种）裏（里）學（学）寶（宝）犂（犁）鈀（钯）繡（绣）針（针）筆（笔）桿（杆）圓（圆）車（车）盤（盘）

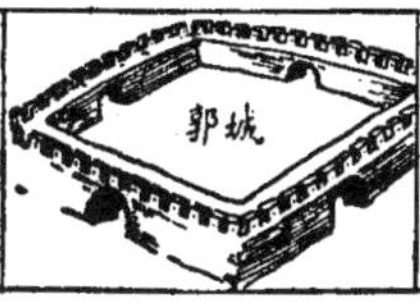

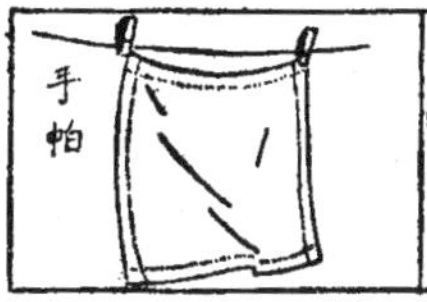

井口圓圓圓向天，水車圓圓好種田，鏡子圓圓娘手裏用，硯池圓圓常在學生前。

甚麼方方方向天？甚麼方方好種田？甚麼方方娘手裏用？甚麼方方常在學生前？

城郭方方方向天，鐵鏟方方好種田，手帕方方娘手裏用，書本方方常在學生前。

繁与简

鏡（镜）
硯（砚）
鐵（铁）
鏟（铲）
書（书）

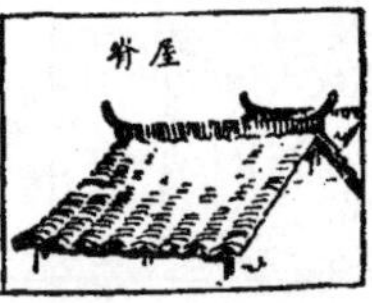

甚麼彎彎向天？甚麼彎彎好種田？甚麼彎彎娘手裏用？甚麼彎彎常在學生前？

屋脊彎彎向天，鐮刀彎彎好種田，木梳彎彎娘手裏用，筆架彎彎常在學生前。

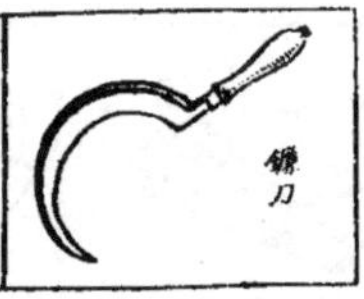

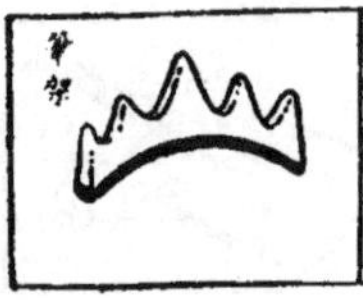

繁与简

彎（弯）
鐮（镰）

三〇　風哥兒

風哥兒，在空中。

來無影，去無蹤。

牠飛過江河，水面露笑容；

牠穿過園林，草、木都鞠躬。

牠能把風車兒轉動；

牠能把帆船兒推送。

牠是花粉的媒翁；

牠是雲雨的先鋒。

人們怕熱悶在胸，

遇到了牠時，

繁与简

風（风）　來（来）　無（无）　蹤（踪）　牠（它）　飛（飞）　過（过）　園（园）　車（车）　兒（儿）　轉（转）　動（动）　雲（云）　鋒（锋）　們（们）　熱（热）　悶（闷）

也覺得心意樂融融。
哪知牠一朝發了瘋，
飛沙、走石滿天空：
猛推翻亭、臺、房屋；
竟刮倒松、柏、梧桐；
還能掀波作浪把船翻覆，
移水、推潮向隄岸攻。
一霎時，翻江、倒海，
使人、物漂散西東！
我但願風哥兒知輕重，掃清一切的毒害，
可別累了我們的民衆！

繁与简

覺（觉）　樂（乐）　發（发）　瘋（疯）　滿（满）　臺（台）　還（还）　隄（堤）　時（时）　東（东）　願（愿）　輕（轻）　掃（扫）　衆（众）

第七册

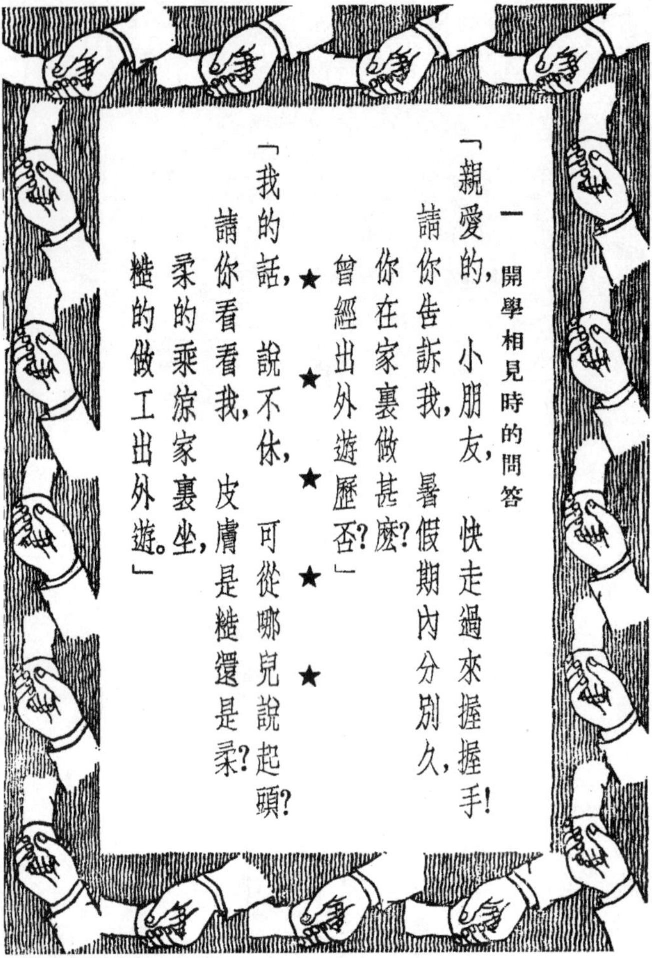

一 開學相見時的問答

「親愛的，小朋友，快走過來握握手！
請你告訴我，暑假期內分別久，
你在家裏做甚麽？
曾經出外遊歷否？」

★ ★ ★ ★ ★

「我的話，說不休，可從哪兒說起頭？
請你看看我，皮膚是糙還是柔？
柔的乘涼家裏坐，
糙的做工出外遊。」

繁与简

開（开） 學（学） 見（见） 時（时） 問（问） 親（亲） 愛（爱） 過（过） 來（来） 請（请） 訴（诉） 裏（里） 甚（什） 麽（么） 經（经） 遊（游） 歷（历）
話（话） 說（说） 從（从） 兒（儿） 頭（头） 膚（肤） 還（还） 涼（凉）

【想】乘凉家裏坐好呢？還是做工出外遊好？

二 鐘錶的老祖宗

大的、小的、方的、圓的、金的、銀的、鋼的銅的、刻花的、鍍電的，……現在許多鐘錶，何等的精美啊！可是牠的老祖宗，卻是一個很粗的機械。要是拿來和

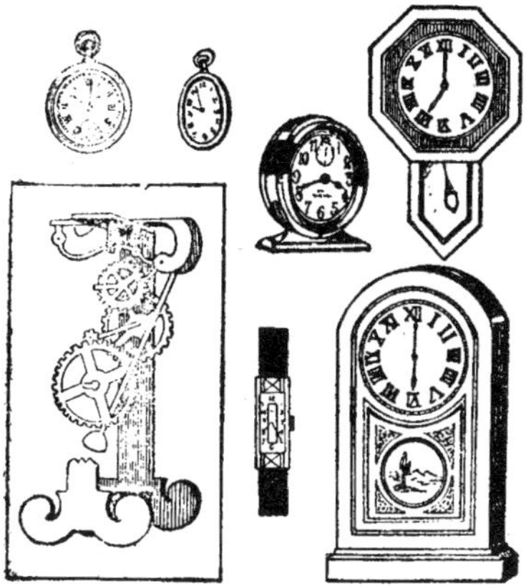

鐘錶比，那可差得很遠。——不過，你別小看了牠，牠也不是容易製造成功的。講牠的來歷，整整地費上蓋力略五十年的心血呢！

蓋力略是意大利人，他從小就很聰明，最喜歡研究機械。他

繁与简

鐘（钟）錶（表）圓（圆）銀（银）鋼（钢）銅（铜）鍍（镀）電（电）現（现）許（许）牠（它）卻（却）個（个）機（机）來（来）遠（远）過（过）製（制）講（讲）歷（历）費（费）蓋（盖）從（从）聰（聪）歡（欢）

【注释】蓋力略今译伽利略。

能夠做出種種新奇的玩具來有的自己玩，有的送給小朋友們。大家看了他製作的玩具，都稱讚他心靈手巧。

在他十八歲的時候，有一天，他到教堂裏去，只見簷下有一盞掛著的燈，在微風中擺動。——在平常不留心的人，不會看見；即使看見了，也不會覺著甚麼。蓋力略卻和別人不同，他看見了，並且覺得那燈左一擺，右一擺，每一擺的時間，似乎相等。——他心機一動，便用手按著自己的脈息，用眼看著燈，用心計算著那燈擺動和脈息跳動的時間；覺得每一擺動的時間，果然是相等的。他心中就生出了一個「凡擺動的時間，是否都是相等」

繁与简

夠（够）　種（种）　給（给）　們（们）　稱（称）　讚（赞）　靈（灵）　歲（岁）　時（时）　裏（里）　見（见）　簷（檐）　盞（盏）　掛（挂）　燈（灯）　風（风）　擺（摆）

動（动）　會（会）　覺（觉）　甚（什）　麼（么）　卻（却）　並（并）　間（间）　脈（脉）　計（计）

的問題來。

他回家之後，便用各種東西試驗。「擺動的等時性，」到底被他發明了。後來，他想利用這「擺動的等時性，」製造計時的機器；他研究又研究，試驗又試驗，不知失敗了多少次，才做成了一具很粗的木時計。可是他已整整地費上五十年的心血了。

因爲這木時計的發明，才有人繼續研究，產生了精美的鐘錶，所以這木時計，簡直是鐘錶的老祖宗！

【想】你在平時，發現過甚麼問題？怎麼解決？

【做】用線繫一樣東西，掛起來，推動牠，再用錶看牠每擺動的時間是不是相等？

三 研究眞理的蓋力略

繁与简

問（问）題（题）後（后）試（试）驗（验）發（发）這（这）敗（败）爲（为）繼（继）續（续）産（产）簡（简）決（决）線（线）繫（系）樣（样）

蓋力略像

蓋力略研究學問，常常握住了問題，親身去察看、試驗，到求得了正確的結果，方才罷手。

他從小喜歡研究機械，想做一個工程師。他父親不贊成，卻叫他進大學學醫。可是他並不因此便丟了機械，卻仍舊處處留心，常常研究。

他在大學裏上課，常常提出問題來問教師。教師常常被他問得回答不來。所以教師們都不喜歡他，不久，便叫他退學。

後來，他做大學教授，發明了很有價值的望遠鏡；並且從望遠鏡裏，發現了不少從來沒有人窺見過的星象

繁与简

蓋（盖） 學（学） 問（问） 題（题） 親（亲） 試（试） 驗（验） 確（确） 結（结） 罷（罢） 從（从） 歡（欢） 機（机） 個（个） 師（师） 贊（赞） 卻（却）

進（进） 醫（医） 並（并） 舊（旧） 處（处） 裏（里） 課（课） 來（来） 後（后） 發（发） 價（价） 遠（远） 現（现） 窺（窥） 見（见）

古書上曾經說過,「物體從空中落下,分量越重的,落得越快。」他親自試驗,知道這是不確的。有一天,他帶著學生,拿著一輕一重的兩個彈子,上斜塔去試驗。他在塔上,把兩個彈子同時順手放下,結果,搭的一響,兩個彈子,果然同時落地。因此,學生們也知道古書不盡可靠了。

他常常這樣研究試驗,發現了許多眞理,並且編成了好幾部書。

天主教徒,因爲他的言論,有許多和「聖經」不合,說他違反聖經,應該嚴辦,竟把他抓到教會裏去拷打。可憐他那時年已七十左右,吃了

繁与简

書(书) 經(经) 說(说) 過(过) 體(体) 這(这) 帶(带) 輕(轻) 兩(两) 彈(弹) 順(顺) 結(结) 響(响) 時(时) 盡(尽) 樣(样) 許(许)

編(编) 幾(几) 爲(为) 論(论) 聖(圣) 違(违) 應(应) 該(该) 嚴(严) 辦(办) 會(会) 憐(怜)

這樣的苦，不久便雙目失明；過了幾年，也就生病死了！蓋力略一世研究眞理，卻被當時的天主教徒，弄得無路可走，不能不死。但是蓋力略雖死，他研究眞理的精神，卻至今還存在呢！

【做】用一輕一重的兩個球從樓上順手放下來，看牠們會不會同時落地？

六　捉魚三字經

水鷗老師拿出好多本「捉魚三字經」來，發給水鳥學生，叫牠們念。於是水鳥們你一句，我一句念起來了

繁与简

雙（双）當（当）無（无）雖（虽）還（还）樓（楼）牠（它）魚（鱼）經（经）鷗（鸥）師（师）發（发）鳥（鸟）學（学）們（们）於（于）來（来）

大小魚，在水中，游到西，游到東。
想捉魚，莫兒戲，須忍耐，須仔細！
眼要明，嘴要快；若不然，就失敗。
大海裏，浪滔滔；一面飛，一面瞧；
瞧見了，莫耽誤，追得慢，捉不住。
長江水，向東流；小的魚，不停留；
江心處，小魚少；江岸邊，容易找。
大湖中，水清清；風兒止，浪兒平；
要留心，莫怠慢，緊緊追，快快幹！
小河裏，水也深；魚見了，向下沈；
低下頭，鑽進水，對準了，就張嘴。
還有那，小溪流，有水草，有石頭；

繁与简

東（东）兒（儿）戲（戏）須（须）細（细）敗（败）裏（里）飛（飞）見（见）誤（误）長（长）處（处）邊（边）風（风）緊（紧）幹（干）沈（沉）

頭（头）鑽（钻）進（进）對（对）準（准）張（张）還（还）書（书）

石頭旁，魚躲穩，水草中，多得很。
更有那，小葦塘，好點心，儘你嘗；
小蛤蚌，小蝦蟆，味道兒，也不差！

牠們念了半天，肚子也有點餓了，老師叫牠們外面去遊戲。於是牠們飛的飛，跑的跑，一齊下水，美味的點心，吃了一個飽。

九　一個小小的旅行家

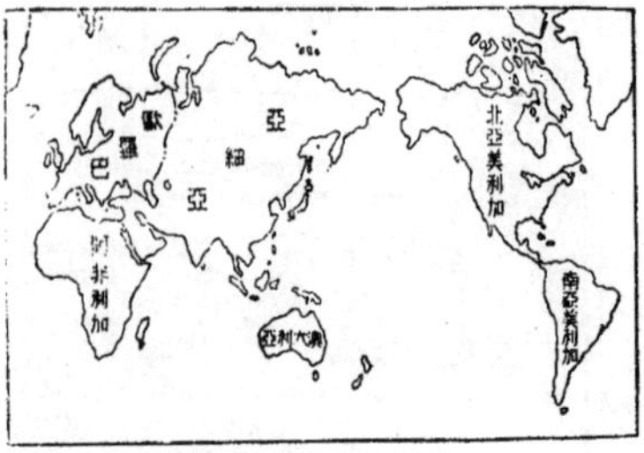

一個小小的旅行家，五洲萬國去玩耍。
不乘飛艇，不用車，不趁輪船，不騎馬。
自從澳大利，直上阿非利加、歐羅巴，
繞過亞美利加洲，達於亞細亞。
笑話真笑話！我還沒有喝完一杯茶，
他的足跡已經遍天下。

★　★　★　★　★

繁与简

躲（躲）　穩（稳）　葦（苇）　點（点）　儘（尽）　嘗（尝）　蝦（虾）　牠（它）　餓（饿）　遊（游）　戲（戏）　齊（齐）　個（个）　飽（饱）　萬（万）　國（国）　飛（飞）　車（车）　輪（轮）
騎（骑）　馬（马）　從（从）　歐（欧）　羅（罗）　繞（绕）　過（过）　亞（亚）　達（达）　於（于）　細（细）　話（话）　還（还）　經（经）

【注释】澳大利 澳大利全称是澳大利亚。

地球儀

哈，哈，哈！
原來是個小螞蟻，
伏在地球儀上爬；
地球儀兒並不大，
圓圓像個瓜。

十 小人國

這不是小人國麼？這個國太小了，周圍不過幾方尺，建立在青草叢裏；四面的青草，差不多是牠們的大森林！

國裏有許多道路，每條路還夠不上野花的梗子那麼闊。路旁的房子很多，二寸左右高的，要算是牠們的高堂大廈了！

國裏的人們很多。大約分爲三種：一種

繁与简

來（来） 螞（蚂） 蟻（蚁） 儀（仪） 兒（儿） 並（并） 圓（圆） 國（国） 這（这） 麼（么） 個（个） 圍（围） 過（过） 幾（几） 叢（丛） 裏（里） 牠（它）

們（们） 許（许） 條（条） 還（还） 夠（够） 闊（阔） 廈（厦） 約（约） 爲（为） 種（种）

是優生家，一種是勞工，一種是兵士。優生家，數目最少，男女相配，專做生殖小孩的工作。牠們的生殖力很強，種族的繁殖傳佈，全靠牠們的力量。

勞工，數目最多，有的搬運食物，有的建築房屋道路，有的看護小孩，有的養牛、榨牛奶，大家忙碌得很。

兵士，數目不多不少，每遇敵人來犯，或者和敵人爭奪食物，就成羣結隊的前去作戰。作戰時，勇敢異常。

這個國離我們不遠，小朋友們要去遊歷麼？但是我們的身體太大了，走不進去；就是「大拇指」也太大，不容易進去。不

繁与简

優（优） 勞（劳） 數（数） 專（专） 傳（传） 佈（布） 運（运） 築（筑） 護（护） 養（养） 敵（敌） 來（来） 奪（夺） 羣（群） 結（结） 隊（队） 戰（战）

時（时） 異（异） 離（离） 遠（远） 遊（游） 歷（历） 體（体） 進（进）

過天氣沒有冷的時候，牠們的勞工、兵士，常常出來活動，優生家有時候也走出來；我們如果要看，看那是很容易的。可是牠們的身體太小，最好用凹凸鏡看，看那才看得清楚。

【做】用凹凸鏡看螞蟻。

十一　李文霍發明顯微鏡

李文霍本是荷蘭的苦小孩，家裏異常窮苦。年歲大了一點，被人家雇去作書記，生活也清苦得很。可是他並不因此便不研究學問；他對於科學的研究，分外用功。

繁与简

過（过）動（动）鏡（镜）螞（蚂）蟻（蚁）發（发）顯（显）蘭（兰）裏（里）異（异）窮（穷）歲（岁）點（点）書（书）記（记）並（并）學（学）問（问）對（对）於（于）

那時候，有一位英國的醫生，發表一篇論文，說：「人身的血液，是往來循環流行不息的。」可是他只是一種理想，並沒有實驗過，所以人家也不很相信他。

李文霍讀了那醫生的論文，卻認爲是一個問題。他不肯相信，也不肯反對；他想製造一種鏡子，去觀察人身的血液，證明那醫生的話是否正確。於是他研究又研究，試驗又試驗，把玻璃片磨成各種凹凸的鏡片，配搭起來，竟裝成了一種奇異的鏡子。

顯微鏡

用那鏡子去觀察：哦！很小的東西，都放得很大了；人身的血液，也可以看出來，果然是「往來流行，循環不息：」醫生的話竟證明了。同時李文

繁与简

時（时） 國（国） 醫（医） 論（论） 説（说） 來（来） 環（环） 種（种） 實（实） 驗（验） 過（过） 讀（读） 卻（却） 認（认） 爲（为） 題（题） 製（制）

鏡（镜） 觀（观） 證（证） 話（话） 確（确） 試（试） 裝（装） 東（东）

【注释】 李文霍，今译列文虎克。

霍還看見血管裏有許多紅血球和白血球;研究的結果,知道紅血球專補益人身的血肉,白血球是專抵抗外來的毒病的。——你想,這時的李文霍多麼快活呢?

從此以後,別的科學家更把牠研究改革,製成了極精良的顯微鏡。因此,非人目所能看見的一切微生物,便也可從這種顯微鏡裏觀察出來了。

【想】顯微鏡有甚麼用?

十二　小吳偉作畫題詩

吳偉是一個可憐的小奴隸;從小就被他的父親賣出

繁与简

還(还) 許(许) 紅(红) 結(结) 專(专) 補(补) 麽(么) 從(从) 後(后) 牠(它) 極(极) 見(见) 甚(什) 偉(伟) 畫(画) 題(题) 詩(诗)
憐(怜) 隸(隶) 親(亲) 賣(卖)

來父親叫甚麼名字，母親是甚麼樣兒，連他自己也不知道。

幸而他十分聰明，所以一到七歲，主人便叫他伴著自己的兒子，到家塾裏去讀書。他在家塾裏，一面要伺候小主人，一面要伺候老師，當然不能專心用功。可是他很留心：小主人沒有認識的字，他早已認識；小主人讀了半天沒有讀熟的書，他一過目便能記牢不忘了。

有一天，吳偉站在桌子旁邊，一時高興，忽然一手提著墨筆，一手按著白紙，一曲一折地塗起來了。老師坐在遠處；只道他寫字，心想「這孩子並沒有學過寫字，怎麼就能夠動筆呢？」便站起來，走近去看。唷！並不是寫字，他在

繁与简

甚（什）麼（么）樣（样）兒（儿）連（连）聰（聪）歲（岁）裏（里）讀（读）書（书）師（师）當（当）專（专）認（认）識（识）過（过）記（记）

邊（边）時（时）興（兴）筆（笔）紙（纸）塗（涂）來（来）遠（远）處（处）寫（写）這（这）並（并）學（学）夠（够）動（动）

畫圖呢。畫的是一個老頭兒，騎著驢，在河邊喝水；岸上畫著驢蹄印著的幾個腳迹，水裏還畫著驢頭映著的一個倒影畫筆雖不十分老練，卻也畫得很像，很清楚。老師正在歎賞，那吳偉又在畫幅上題起字來了那是四句詩，那四句是：

「白頭一老子，騎驢去飲水。岸上蹄踏蹄，水中嘴對嘴。」

「呵！奇極啦！這麼小的孩子，不但會畫，而且會寫；不但會寫，而且會題詩；這不是奇事麼？」老師這樣想著，一面用手去撫他的頭，表示很愛他。從此以後，小

繁与简

圖（图）個（个）頭（头）騎（骑）驢（驴）幾（几）腳（脚）還（还）雖（虽）練（练）卻（却）歎（叹）賞（赏）飲（饮）對（对）極（极）會（会）

樣（样）撫（抚）愛（爱）從（从）後（后）

奴隸就被老師當做正式的小學生了。好吳偉經老師這樣的擡舉，也就分外用功，正式學畫。後來，他到底脫離了奴隸的生活，成了明朝時代一位有名的畫家。

【畫—寫】照吳偉的畫意用另紙畫一幅圖，並且把詩題上。

十三　勇周處改惡遷善

小周處，體力強，朝弄刀弓夜弄槍。
一身武藝全無用，侮弱欺柔壓善良。

繁与简

當（当）　經（经）　擡（抬）　舉（举）　離（离）　處（处）　惡（恶）　遷（迁）　體（体）　槍（枪）　藝（艺）　無（无）　壓（压）

拳打李，腳踢張，好如猛虎撲羣羊：
嚇得一鄉齊叫苦，無人敢說短和長。
諸民衆，恨滿懷，看見他來就避開。
周處只因人不服，也知作惡不應該。
有一日，走上街，忽聞一老嘆聲「唉！」
忙問「民安田也熟，爲何滿臉現悲哀？」
老人聽，嘆連連，說聲「別怪我多言，
南山猛虎傷人畜；北海蛟龍壞稻田；
還有你，這少年，橫行不法在鄉間：
三害未除民衆苦，人生哪得有歡顏？」
好周處，手拍胸，說聲「三害我能攻！」
帶箭入山射猛虎，弓弦響處血流紅。

繁与简

腳（脚）　聲（声）
張（张）　問（问）
撲（扑）　爲（为）
羣（群）　臉（脸）
嚇（吓）　現（现）
鄉（乡）　聽（听）
齊（齐）　連（连）
說（说）　傷（伤）
長（长）　龍（龙）
諸（诸）　壞（坏）
衆（众）　還（还）
滿（满）　這（这）
懷（怀）　間（间）
見（见）　歡（欢）
來（来）　顏（颜）
開（开）　帶（带）
應（应）　響（响）
該（该）　紅（红）
嘆（叹）　聞（闻）

又翻身，入水中，提刀游水捉蛟龍；
蛟龍戰敗忙逃走，周處窮追不放鬆。
三日夜，人不歸，都道「周郎命已危」；
父老歡心民衆喜，大家相慶不傷悲。
勇周處，忽然回，手提蛟首步如飛；
只見鄉人齊慶祝，才知自己太招非。
心中想，暗悲傷，「不如離此走他鄉」，
一肩行李尋師去，改過從新學善良。
三大事，獨擔當，悪周郎變好周郎。
後來畢竟成名將，爲國捐軀在戰場。

【想】你自己有甚麼過失？應當怎樣遷改？

【畫】把前面的圖上顏色。

繁与简

戰（战）敗（败）窮（穷）鬆（松）歸（归）慶（庆）飛（飞）離（离）尋（寻）師（师）過（过）從（从）學（学）獨（独）擔（担）當（当）變（变）後（后）

畢（毕）將（将）國（国）軀（躯）場（场）甚（什）麽（么）樣（样）畫（画）圖（图）斬（斩）

十六　雙雙伴侶

雙雙伴侶，把屋梁，當做客寓；
只爲秋深，兩個心，一樣憂慮、
你一句，我一句，
低低討論輕輕語。
問題是：「去不去？去不去？」
這個說：「不用去！不用去！」
那個說：「不如去！不如去！」
決議是：「一齊去！一齊去！」
燕子去了，燕子不知何處去？
撒下了滿地秋風，滿天秋雨！

繁与简

雙（双）　齊（齐）
當（当）　處（处）
爲（为）　滿（满）
兩（两）　風（风）
個（个）
樣（样）
憂（忧）
慮（虑）
討（讨）
論（论）
輕（轻）
語（语）
問（问）
題（题）
這（这）
說（说）
決（决）
議（议）

十七 一生讀書的孫中山先生

孫中山先生一生的事業，除了革命之外，就是讀書。

他小時候：從六歲到十三歲，在翠亨村的村塾裏，讀中國古書；從十四歲到十八歲，在檀香山的外國學校裏讀西洋新書；回國之後，又在香港英國的皇家學校裏學習科學，廣州醫學堂和香港博濟醫院裏學醫。後來，他離開了學校，但是他仍舊天天讀書，終身沒有離開書本。

他出門旅行，或者出兵督戰的時候，行李箱中，定要帶許多愛讀的書，一有空就讀。他每年要花許多錢買書他

繁与简

讀（读） 書（书） 孫（孙） 業（业） 時（时） 從（从） 歲（岁） 裏（里） 國（国） 學（学） 後（后） 習（习） 廣（广） 醫（医） 濟（济） 離（离） 開（开）

舊（旧） 終（终） 門（门） 戰（战） 帶（带） 許（许） 愛（爱） 許（许） 錢（钱） 買（买）

以爲讀書比吃飯、穿衣還要緊，人家資助他的錢，他也拿來買書讀。他沒有別的產業，逝世後，交給夫人宋慶齡女士的，就只有一點兒書籍。

他的讀書方法，大概不外乎下列幾種：

一是選讀需要的書籍　他因爲要革命，所以多讀政治、經濟、軍事地理等與革命有關係的書籍。

二是尋求書中的道理　他幼年讀三字經的時候，老師教他照字句念，不把書中的意義告訴他，他便不很高興，問老師說：「老是這樣念，有甚麼意思呢？」老師以爲他不肯讀書，他說：「不是，我要知道書中的道理。」他

繁与简

爲（为）　飯（饭）　還（还）　緊（紧）　資（资）　來（来）　産（产）　給（给）　慶（庆）　齡（龄）　點（点）　兒（儿）　幾（几）　種（种）　選（选）　經（经）　濟（济）

軍（军）　與（与）　關（关）　係（系）　尋（寻）　義（义）　訴（诉）　興（兴）　問（问）　師（师）　説（说）　這（这）　樣（样）　甚（什）　麽（么）

的讀書，全是這樣。

三是用功練習　他在香港讀書的時候，讀地理書，便學畫地圖。最可笑的，他臥牀的帳頂上也畫著地圖。有人問他是甚麼意思，他說：「早晚也得看看。」他這樣用功，所以人家不能記憶的，他都能記憶。

四是親身經歷　他年青的時候，因爲要革命，除了研究軍事和地理之外，還親身到長江和天津、北平一帶去觀察形勢。後

繁与简

練（练）畫（画）圖（图）臥（卧）牀（床）帳（帐）頂（顶）記（记）憶（忆）親（亲）歷（历）長（长）觀（观）勢（势）

來，因爲要改造中國，除了研究外國的政治和經濟之外，還親身到外國去考察。他還遊世界，前後共計四次。

孫先生爲甚麼要這樣用功呢？他的目的何在？——請小朋友們想一想！

【想】(1)孫先生到底爲甚麼用功讀書？

(2)你自己預備做甚麼人？讀甚麼書？怎樣讀書？

十八　大將和大蟒

（一）大將

北方有大將，身體眞堅強！

幫助我祖宗，保衛我家鄉；

遮攔四千四百里，胡人不敢窺漢疆。

如今大將又陷陣，右臂斑斑受重傷。

繁与简

環（环）遊（游）計（计）請（请）預（预）備（备）將（将）體（体）堅（坚）幫（帮）衛（卫）鄉（乡）攔（拦）窺（窥）漢（汉）陣（阵）傷（伤）

（二）大蟒

北方有大蟒，身體曲而長。
自從崑崙山，達於渤海旁，
蜿蜒八千八百里，風吹日耀鱗甲黃。
有時大蟒忽翻覆，滿地滔滔禍水狂。

【寫】把謎底寫出來。1.　　2.

十九　飛將軍躍馬抗匈奴

李廣是漢朝的名將。常常和匈奴人交戰，出入於千軍萬馬之中，往來如飛，所以匈奴人稱他爲飛將軍。

有一次，李廣帶了漢兵，在雁門關外，和匈奴兵交鋒。匈奴兵多，把漢兵四面圍住，李廣左衝右突，殺不出去。外面又沒有救兵到來。戰了多時，漢兵死傷大半，李廣也身受

繁与简

長（长）從（从）崑（昆）崙（仑）達（达）於（于）風（风）鱗（鳞）滿（满）禍（祸）寫（写）謎（谜）來（来）飛（飞）將（将）軍（军）躍（跃）馬（马）

廣（广）漢（汉）戰（战）萬（万）稱（称）爲（为）帶（带）門（门）關（关）鋒（锋）圍（围）衝（冲）殺（杀）時（时）傷（伤）

重傷，不能應戰，竟被他們活捉了。匈奴將見他受傷很重，也不用繩索綑綁，卻把繩索連繫在兩匹馬的身上，做成一個懸空的絡子，盛著李廣，帶了馬隊，要把李廣解往單于的營裏去。李廣閉上眼睛，只做已死。走了十多里路程，偷眼看時，匈奴的馬隊中，有一個十多歲的小孩，騎著一匹好馬，正在旁邊。李廣趁大家不防備，一翻身，便跳上那小孩的馬背；等那小孩叫時，他已跳出隊伍，撥轉馬頭，奪過小孩的馬鞭兒，加上一鞭，連人和馬，飛也似的向南直竄了。

繁与简

應（应）　們（们）　見（见）　繩（绳）　綑（捆）　綁（绑）　卻（却）　連（连）　繫（系）　兩（两）　懸（悬）　絡（络）　隊（队）　單（单）　營（营）　裏（里）　閉（闭）

個（个）　歲（岁）　騎（骑）　邊（边）　備（备）　撥（拨）　轉（转）　頭（头）　奪（夺）　過（过）　兒（儿）　竄（窜）

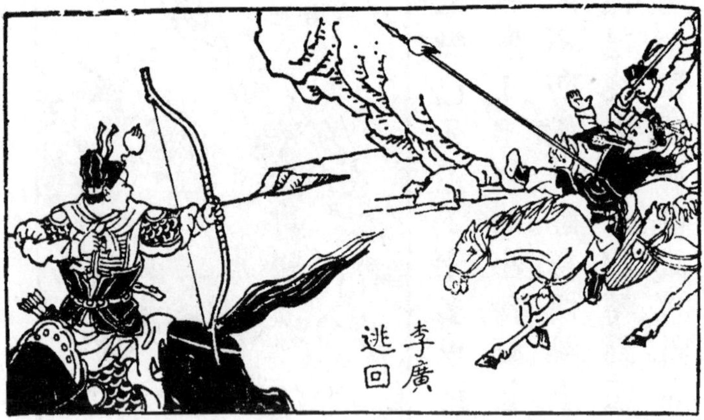

匈奴兵哪兒肯放？一聲叫喊，幾百個人一齊驟馬趕來。李廣馬好，一口氣走了幾十里路程。看看匈奴兵將近趕到，他早把那小孩的弓箭，拿在手中，扭轉身軀，只一箭，便把那爲首的射死落馬了。——李廣的箭，本來百發百中；這時他一箭一個，一連射死了好幾個人；敗殘的漢兵，又漸漸集合，前來助戰。匈奴兵不敢再追，只得紛紛回馬，一路嘆息而去。這邊李廣脫離了危險，便安然帶著部隊回營。

繁与简

聲（声）　幾（几）　齊（齐）　驟（骤）　趕（赶）　來（来）　氣（气）　軀（躯）　發（发）　這（这）　敗（败）　殘（残）　漸（渐）　紛（纷）　嘆（叹）　離（离）　險（险）

二十一　戰歌

敵人的戰鼓鼕鼕；敵人的槍砲隆隆；
敵人的軍艦蔽海；敵人的飛機滿空。
你看他，咆哮如虎狠如熊；
要亡我的國，要滅我的種，
要殺我的父、母、伯、叔、姊、妹、弟、兄！

★　★　★　★　★

我們的心中悲痛；我們的血液沸湧；
我們的意氣激揚；我們的體力驍勇。
你看我，決心拚命向前衝；
揪住他的皮，捺住他的胸，
打倒他的強權、霸道、暴力、威風！

繁与简

戰（战）　敵（敌）　鼕（冬）　槍（枪）　砲（炮）　軍（军）　艦（舰）　飛（飞）　機（机）　滿（满）　國（国）　滅（灭）　種（种）　殺（杀）　們（们）　湧（涌）　氣（气）

揚（扬）　體（体）　驍（骁）　決（决）　衝（冲）　權（权）　風（风）

二十二　武松打虎

哥哥喜歡看水滸。他說:「水滸上記著許多強盜的故事。這些強盜都因爲政治不良而產生的,共有一百零八位好漢呢!」我說:「強盜是好漢麼?」哥哥笑起來了。他接著說:「這書所記的情節是眞的,事實卻是假的。」我說:「既不是眞事實,你爲甚麼要看牠呢?」哥哥說:「就因爲牠把假事實描寫得和眞的一樣,所以我喜歡看牠。你看這一節武松打虎的故事罷。」

景陽岡上有虎傷人,許多客人都不敢單身從這邊經過。武松吃醉了酒,一個人提著哨棒,走上岡子,直奔過樹林來。見一塊光撻撻大青石,把那哨棒倚在一邊,放翻身體,卻待要睡。只聽得呼呼地一聲響,亂樹背後,跳出一隻

繁与简

歡(欢) 滸(浒) 說(说) 記(记) 許(许) 盜(盗) 這(这) 爲(为) 產(产) 漢(汉) 麼(么) 書(书) 節(节) 實(实) 卻(却) 甚(什) 牠(它) 寫(写) 樣(样) 罷(罢)

陽(阳) 岡(冈) 傷(伤) 單(单) 從(从) 邊(边) 經(经) 過(过) 個(个) 樹(树) 塊(块) 撻(挞) 體(体) 聽(听) 聲(声) 響(响) 亂(乱) 後(后) 隻(只)

弔睛白額虎來！武松見了，叫聲「哎呀！」從青石上翻將下來，便拿那哨棒在手，閃在青石邊。那虎又飢又渴，把兩爪在地下略按一按，和身望上一撲，從半空裏竄將下來。武松被牠一驚，酒都做冷汗出了。幸而武松腳快，只一閃，閃在那虎背後。那虎哪兒背放？大吼一聲，翻身過來。武松又一閃，閃在旁邊。如此，撲來閃去，一連好幾個回合，直似呆貓捉活鼠，只是撲個空兒。那虎拿人不著，急得暴跳如雷。武松卻也心慌，雙手輪

繁与简

來（来）　見（见）　弔（吊）　將（将）　閃（闪）　飢（饥）　兩（两）　撲（扑）　裏（里）　竄（窜）　驚（惊）　腳（脚）　兒（儿）　連（连）　幾（几）　雙（双）　輪（轮）

起哨棒，對著那虎，儘平生力氣，只一棒，從半空中劈將下去。只聽得簌簌地一聲響，一樹連枝帶葉劈臉打來。定睛看時，哨棒劈不著那虎，原來打急了，正打在枯樹上，把那哨棒折做兩截，只拿得一半在手裏。那虎咆哮性發，又翻身撲將過來，武松又是一跳，卻退了十餘步遠。那虎恰好把兩隻前爪，搭在武松面前。武松將半截棒丟了，兩手趁勢將牠的頂花皮揪住，一按按將下來。那虎急要掙扎，被武松儘力捺定，哪兒肯放半點兒鬆寬？武松把隻腳望老虎眼睛裏只顧亂踢；那虎咆哮亂爬，把身底下爬起兩堆黃泥，做了一個土坑。武松把那虎的嘴，直按下黃泥坑裏去。見牠沒有了力氣，才把左手緊緊地捺住頂花皮，偷出右手來，提起鐵鎚般拳頭，儘平生之力，只顧打。打到五六

繁与简

對（对） 儘（尽） 帶（带） 葉（叶） 臉（脸） 發（发） 餘（馀） 遠（远） 勢（势） 頂（顶） 點（点） 鬆（松） 寬（宽） 顧（顾） 緊（紧） 鐵（铁） 鎚（锤） 頭（头）

十拳，那虎眼裏、口裏、鼻子裏、耳朵裏都迸出鮮血來，更動彈不得，只剩口氣喘。

武松放了手，來松樹邊，尋那打折了的哨棒，拿在手裏；只怕那虎不死，又輪棒打了一回。眼見那虎氣都沒了，方才丢了棒，走下景陽岡來。

【想】(1)要是做水滸的只說「武松毫不費力，只三拳兩腳，便把那虎打死了，」你覺得怎樣？

(2)要是說：「那虎背後看人最難，」「那虎只是一撲、一掀、一翦，三般捉不著時，力氣便沒有了一半，」……你覺得怎樣？

二十三　和尚說大話

從前有三個和尚，一個五臺僧，一個峨嵋僧，一個普陀

繁与简

鲜（鲜）動（动）彈（弹）氣（气）尋（寻）費（费）覺（觉）難（难）時（时）説（说）話（话）從（从）個（个）臺（台）

僧，都是奉了方丈之命，下山化緣的。他們雲遊四方，各走各的道路。

有一天，三個和尚忽然在安徽九華山下相遇。大家互相談論起來，各說各的名山風景；甚麼清涼勝境大圓光、千步沙，倒也有話說話，說得頭頭是道後來，五臺僧提議，「普通的不必講，單講各地的特點，也得廣廣彼此的見聞。」峨嵋僧、普陀僧聽了，都很贊成，便請五臺僧先講。

五臺僧說：「我們五臺山的中臺山上有一座石塔，那塔高得異乎尋常，眞是頭頂三十三天，角碰

五臺文殊像

繁与简

緣（缘） 雲（云） 遊（游） 華（华） 談（谈） 論（论） 來（来） 說（说） 風（风） 甚（什） 麼（么） 涼（凉） 勝（胜） 圓（圆） 頭（头） 後（后） 議（议）

講（讲） 單（单） 點（点） 廣（广） 見（见） 聞（闻） 聽（听） 贊（赞） 請（请） 異（异） 尋（寻） 頂（顶）

日月星辰！要是有一個人從塔尖上掉下來，不知要幾年幾個月，才能落到平地上呢！」

峨嵋僧說：「我們山裏有一口大銅鐘，是幾千年前的老和尚，化了三十六年的緣，積了三萬六千斤銅，費了三年六個月的工夫，才造成的。敲起來『弘弘弘！』眞是響徹九重天，聲聞百萬里，聲音大的了不得！」

峨嵋普賢像

普陀僧說：「我們普陀有一叢紫竹林。那竹根蟠全世界，葉蔽五大洲。要是截下來，給全地球人做筷子用，十萬年怕也用不完呢！」

繁与简

從（从）幾（几）銅（铜）鐘（钟）積（积）萬（万）費（费）響（响）徹（彻）聲（声）叢（丛）葉（叶）給（给）賢（贤）

普陀觀音像

九華地藏像

他們說完了，你不信我的話，我不信你的話，大家爭論起來了。爭論多時，不能解決，便同上九華山去問九華僧。把大家的話告訴他。

九華僧笑道：「頭頂三十三天，角碰日月星辰，這邊爲甚麼看不見塔影？響徹九重天，聲聞百萬里，這邊爲甚麼聽不見鐘聲？根蟠全世界，葉蔽五大洲，這邊爲甚麼遮不著竹陰？你們一面胡說亂道，一面又不親自去看看那石塔、銅鐘、紫竹林，究有多高多大，卻在這兒

繁与简

們（们） 時（时） 決（决） 問（问） 訴（诉） 邊（边） 陰（阴） 亂（乱） 親（亲） 卻（却） 這（这） 觀（观）

瞎爭空論，眞應該打入我們九華山萬丈深的拔舌地獄裏去！」

【想】可疑的問題，該用甚麼法子去解決？

【畫】把前面的圖上顏色。

二十四　愚公移山

時間　古代。

地點　山西南部，黃河北岸。

人物　愚公，愚婆，愚子，愚媳，愚孫，寡婦，孤兒，智叟，山神，大力神二。

佈景　山林。有太形、王屋兩座高山。

幕開：愚公，愚婆，愚子，愚媳，愚孫在山下談話。

愚公「你們瞧，這山兒多麼高？牠在門前，當住我

繁与简

應（应）該（该）獄（狱）裏（里）題（题）畫（画）圖（图）顏（颜）時（时）間（间）點（点）孫（孙）婦（妇）兒（儿）佈（布）兩（两）開（开）

談（谈）話（话）們（们）這（这）麼（么）牠（它）門（门）當（当）

們的通行道！我待要往南跑，免不了東環西繞。唉！可惱！我恨不得將牠一拳打倒！」

愚子「啊！父親，你別煩惱這兩座山兒雖很高，我們的能力也不小，快拿釘、鈀、鐵鎚，來把土扒石塊兒敲。……」

愚媳「舂的舂，挑的挑，只要工夫深，哪怕山高搬不了！」

愚孫「我年紀雖然小，搬些小石塊兒也很好。我們大家全來動手，別分男女老和小！」

繁与简

環（环） 繞（绕） 惱（恼） 將（将） 親（亲） 煩（烦） 雖（虽） 釘（钉） 鈀（钯） 鐵（铁） 鎚（锤） 來（来） 塊（块） 紀（纪） 動（动）

愚婆　「哈哈，你們眞胡鬧！這樣的大山，土石也不少，搬到甚麼地方去的好」

愚公　「不消愁，無須惱！渤海大而深，土石儘你倒，我們快搬山，別再多言，空言豈能收實效？」

衆人七手八腳，扒土搬石，嘴裏唱起山歌來。

衆人　「哼唷呵！哼唷呵！全家男女不辭勞，土塊石頭扒又挑。只要同心同用力，門前哪怕兩座山兒高？哼唷呵！哼唷呵！……

……」

繁与简

鬧（闹）　樣（样）　甚（什）　無（无）　須（须）　儘（尽）　豈（岂）　實（实）　衆（众）　腳（脚）　裏（里）　辭（辞）　頭（头）

寡婦帶著孤兒來了。

寡婦「我的兒，你快瞧！他們一家老和小，興趣多麼好？哼唷呵，哼唷呵！要把高山剷成通行道。」

孤兒「媽呀！不用你扶，不用你抱。我自己會跑也會跳，我得幫助他們去把山搬了。」

寡婦「難得你志氣高，能做工，不怕辛勞。可惜你爸爸，死得太早，你做時，可就沒有人來領導！」

愚公「大嫂，你別煩惱！小世兒，有我照料。他來得正好，小孫兒得了個同伴，我們也得了個小同道。」

孤兒加入做工，寡婦也來動手。大家再唱山歌如前。河曲智叟跑來，拉住了愚公的手。

智叟「哈哈，老頭兒，你眞瘋了，這樣可笑！山頭兒

繁与简

帶（带） 興（兴） 剷（铲） 媽（妈） 會（会） 幫（帮） 難（难） 氣（气） 勞（劳） 領（领） 導（导） 個（个） 瘋（疯）

那麼高，你年紀這麼老，用盡你的老力，也毀不了山上的一根毛。我勸你停手罷，別再痴頭怪腦！」

愚公「呵！老哥，你錯了！你的心，太不牢，不如這孤兒，也不如那大嫂！你該知道，我年老心不老。我就死了，也有子孫，子子孫孫傳不了。子孫無窮，山不加高，哪怕牠剷不平，搬不了！」

山神在山凹裏聽了，一交跌倒。

繁与简

勸（劝）　罷（罢）　腦（脑）　錯（错）　該（该）　傳（传）　窮（穷）　剷（铲）　聽（听）

智叟「好！你的心，比鐵還牢。說得我，無言可答，忙陪笑。只得拱拱手，轉身而跑。」

衆人仍舊做工唱山歌。

愚公「時候已不早，我們回家睡覺。待到明天天曉，聽見雄雞一叫，便再來把這山石兒敲！」

衆人去了，山神慌忙跳出來，像一個妖怪。

山神「哎呀！不得了！那老頭兒，子子孫孫，天天來吵鬧，如何是好？不如上天去，向上帝報告。」

山神去了，裏面有絲竹聲，一會兒，一聲雷響，跳出兩個金甲大力神來。

大力神「好愚公，立志堅牢！感動了上帝的心，派我們下凡來，把這兩山搬跑。呵！愚公，到了明朝，你不見高山，只見大道，可使你吃驚不小，歡喜

繁与简

還（还） 轉（转） 舊（旧） 覺（觉） 曉（晓） 見（见） 雞（鸡） 報（报） 絲（丝） 聲（声） 響（响） 堅（坚） 驚（惊） 歡（欢）

不了哈哈！「山哪兒去了？」「你也莫明其妙！」

他們把山搬起了，山慢慢地移動，幕慢慢地閉。

（完）

【想】

(1)做這故事的把孤兒寡婦也做在裏面，是何用意？

(2)做這故事的把山神、大力神也做在裏面，是何用意？

【註音】在押韻的字旁，加註注音符號。

繁与简

閉（闭）

註（注）

韻（韵）

號（号）

二十六　四小孩談天說地

有四個孩子，一個是華童，一個是西童，一個是印度童，一個是希臘童，同在大自然小學裏讀書。有一天，他們忽然找到了一個問題，就是「天地萬物究竟是怎麼開始的？」請大家研究解決。

印度童說：「我知道。我聽見我的祖母說過：最初，世界全是水，沒有別的東西。水要想生些別的東西出來，常常祝告著說：『我怎麼能生別的東西呢？』於是牠翻騰又翻騰，波浪裏果然產生了一個金蛋。後來，這金蛋裏出了一隻羊，一年之內，又變成一個人。這人叫做拍拉甲拍底。從他的嘴裏創造出諸神來。有了諸神，天地萬物也自然產生了。」

希臘童說：「你說的不對。我的祖母這樣說：最初，天地

繁与简

談（谈）說（说）個（个）華（华）臘（腊）學（学）裏（里）讀（读）書（书）們（们）問（问）題（题）萬（万）麼（么）開（开）請（请）決（决）

見（见）過（过）東（东）來（来）於（于）牠（它）騰（腾）產（产）後（后）這（这）隻（只）變（变）從（从）創（创）諸（诸）對（对）樣（样）

不分，陸地、水、空氣合在一處。主宰叫做渾沌，他的妻子是夜之神，生的兒子叫黑暗。後來，黑暗的父親走掉，他就代父親做了主宰。再後來，他們生下一個大雞蛋，愛神就是這雞蛋裏的產物。愛神出世之後，才把地造成了。但是地上還沒有鳥、獸、草、木，愛神拿生命箭，射進地的冷胸內，鳥、獸、草、木也就漸漸地生長了。」

華童說：「也不對，我的祖母這樣說：最初，天地像一個極大的雞蛋。沒有地，沒有水，也沒有日、月、星辰。雞蛋裏有一個人，叫做盤古。那盤古一天長一丈，長了一萬八千年，雞蛋破了，上半個變成天，下半個變成地，盤古站在中間。

繁与简

陸（陆）氣（气）處（处）渾（浑）兒（儿）親（亲）雞（鸡）愛（爱）還（还）鳥（鸟）獸（兽）進（进）漸（渐）長（长）盤（盘）間（间）

又長了一萬八千年，天升得極高，地降得極低，盤古長得極長。後來，盤古死了，他的頭變成四個高山；眼睛，一隻變成太陽，一隻變成月亮；脂膏變成江海；毛髮變成草木。這就是天地萬物的開始。」

西童說：「你們別胡說亂道！世界上一切東西，全是上帝造成的。上帝第一天造地；第二天造天；第三天分別陸地和海，並且造出青草菜蔬和果樹來；第四天造日、月，第五天造魚類和鳥雀；第六天造獸類和蟲類，並且造人；到第七天上帝才安息了。最初的一個男人，是用土造的，叫做亞當。上

繁与简

極（极） 頭（头） 陽（阳） 髮（发） 亂（乱） 並（并） 樹（树） 魚（鱼） 類（类） 蟲（虫） 亞（亚） 當（当）

帝將他放在伊甸園中後來，上帝又拿亞當身上的一條肋骨，造成一個女人，叫做夏娃。上帝叫他們別吃惡樹上的果子，蛇騙夏娃去吃，夏娃竟吃了，並且叫亞當吃。因此上帝就罰他們，把他們趕出伊甸園去，男的耕地度日，女的懷孕生小孩，因此人就越傳越多了。」

一四個孩子，各有各的說法，你不服我，我不服你，幾乎打起來他們的老師蓋力略和達爾文把天地萬物開始的眞相告訴他們，叫他們仔細研究；他們才知道自己錯了。

【想】四小孩的話到底誰說得有趣？誰說的對？

繁与简

將（将）　園（园）　條（条）　惡（恶）　騙（骗）　罰（罚）　趕（赶）　懷（怀）　傳（传）　幾（几）　蓋（盖）　達（达）　爾（尔）　訴（诉）　細（细）　錯（错）　誰（谁）

【畫】把前面的圖上顏色。

二十七　我們的老師達爾文

達爾文是英國人，幼時在小學裏讀書，成績很平常，還不及自己的妹妹。老師們以爲他沒有出息。其實他並不是不聰明，也不是不用功，他喜歡一個人鑽在野地裏研究動、植物，讀那「活的書」呢！

他到了十六歲，進某大學學醫。對於醫學，並不十分用功。他最歡喜研究的，仍舊是動、植物。

後來他入劍橋大學，研究地質學，才合了他的志願。所以他畢業之後，不肯離開學校，仍舊留在校裏，跟著有名的教授，共

繁与简

畫（画）聰（聪）
圖（图）歡（欢）
顏（颜）個（个）
們（们）鑽（钻）
師（师）動（动）
達（达）歲（岁）
爾（尔）進（进）
國（国）醫（医）
時（时）對（对）
學（学）於（于）
裏（里）舊（旧）
讀（读）後（后）
書（书）來（来）
績（绩）劍（剑）
還（还）橋（桥）
爲（为）質（质）
實（实）願（愿）
並（并）離（离）

同研究。

他覺得學校裏材料太少，很想周遊世界，實地研究、恰巧英國政府派遣探險隊，往南美洲等處測量陸地；他便加入隊中，坐了輪船出發。這一次他遍遊美、澳、亞三洲，在外五年，得了許多關於動、植物和地質的眞實學問。所以回國之後，便做了好幾部書，說明許多眞理。

因爲他的學說，和「聖經」的記載不同，所以信教的人很反對他。他不能在倫敦居住，便帶了妻子，隱居到鄉下去。但是他並不灰心，仍舊研究學問，著作新書，把生物的來源也說明了。

從前歐洲人讀了「聖經，」確信天地萬物，全是上帝創造。天是空氣；地是平的水和陸；動、植物和人，從古以來、

繁与简

覺（觉）　遊（游）　險（险）　隊（队）　處（处）　測（测）　陸（陆）　輪（轮）　發（发）　這（这）　亞（亚）　許（许）　關（关）　問（问）　幾（几）　説（说）　聖（圣）

經（经）　載（载）　倫（伦）　帶（带）　隱（隐）　鄉（乡）　從（从）　歐（欧）　確（确）　萬（万）　創（创）　劍（剑）　氣（气）

就是如此。後來蓋力略用望遠鏡窺天，證明天是衆星集合的太空，地是一個圓球，把「聖經」上的天地舊說，完全打破。再後來，達爾文調查地質，研究生物，又證明動、植物本是同種，變種又變種，才進化成現在的各種樣子；人是像猿一樣的動物變化而成的：……把「聖經」上造物造人的舊說，也完全打破。迷信「聖經」的人，雖然反

繁与简

蓋（盖） 遠（远） 鏡（镜） 窺（窥） 證（证） 衆（众） 圓（圆） 調（调） 種（种） 變（变） 現（现） 樣（样） 雖（虽）

對他，但是他的學說，證據確實，不能推翻。他到底成了大科學家，做了我們的老夫子。

可是他的學說很複雜，我們如果要徹底明白，一定還要跟他學上十幾年呢！

【想】達爾文的學問怎樣得來？

二十八 四時景物

（一）花

春天桃李最芬芳；夏日荷花開滿塘；

秋菊繞籬千萬朵；冬園雪裏臘梅香。

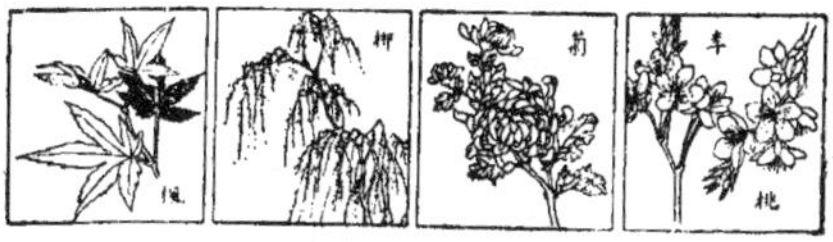

（二）樹

春雨春風長綠楊；夏來桐梓掩高牆；

秋山楓葉如花豔；冬嶺松枝映雪蒼。

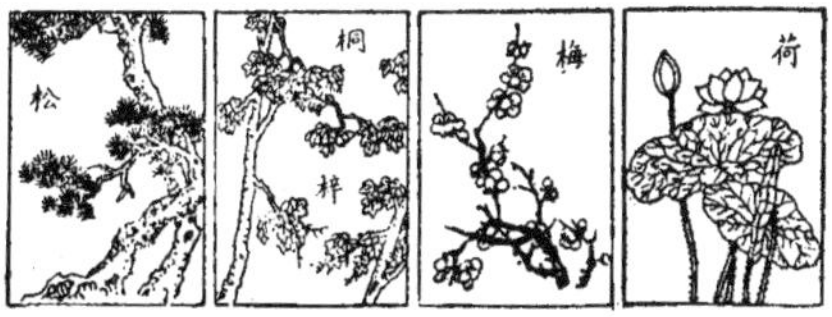

繁与简

據（据） 楊（杨）
複（复） 來（来）
雜（杂） 牆（墙）
徹（彻） 枫（枫）
時（时） 葉（叶）
開（开） 豔（艳）
滿（满） 嶺（岭）
繞（绕） 蒼（苍）
籬（篱）
萬（万）
園（园）
裏（里）
臘（腊）
樹（树）
風（风）
長（长）
綠（绿）

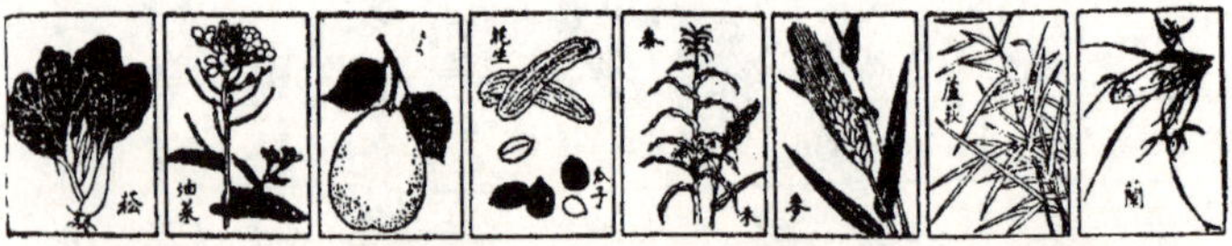

（三）草

春園處處蕙蘭香；夏日青青蒲艾長；

秋雨秋風蘆荻老；冬郊茅草更荒涼。

（四）穀

春郊風暖麥初長；夏日炎炎益稻粱；

秋雨放晴禾黍熟；冬來珠玉滿倉箱。

（五）果

春日家家乾果香；夏時瓜李喜新嘗；

秋風滿樹梨甘脆；冬月堆盤橘柚黃。

（六）蔬

春來油菜滿田黃；夏圃花茄如紫囊；

秋夜青菘和露長；冬園蘿蔔雪中藏。

繁与简

處（处） 蘭（兰） 蘆（芦） 涼（凉） 穀（谷） 麥（麦） 倉（仓） 乾（干） 嘗（尝） 盤（盘） 蘿（萝） 蔔（卜）

【注释】 菘，白菜。

二十九　猪八戒努力開荆棘

隔壁黃三哥最喜歡講西遊記。甚麼鬧天宮，游地府，……講得非常有趣。可是仙、佛、鬼、怪，胡說亂道，全是沒有的事。今天，他講的是「猪八戒努力開荆棘，」倒覺得有些意思，我且摘記下來。

唐三藏、孫行者、猪八戒、沙僧師徒四人，走上大路，一直西去，忽見一條長嶺，嶺頂上是路。三藏立馬觀望，那嶺上荆棘叢生，藤條牽繞，只有一條道路的痕迹。三藏叫道：「徒弟，這路怎麼走得？路痕在下，荆棘在上，除非是蛇蟲伏地而遊，才可過去；若你們走，腰也難伸，叫我如何乘馬？」八戒道：「不要緊，等我使出爬柴手來，把釘鈀分開荆棘；別說騎馬，就擡轎也包你過去。」三藏道：「你雖有力，長遠

繁与简

開（开）歡（欢）講（讲）遊（游）記（记）甚（什）麼（么）鬧（闹）説（说）亂（乱）覺（觉）孫（孙）師（师）見（见）條（条）長（长）嶺（岭）頂（顶）

馬（马）觀（观）叢（丛）牽（牵）繞（绕）這（这）蟲（虫）過（过）們（们）難（难）緊（紧）釘（钉）鈀（钯）騎（骑）擡（抬）轎（轿）雖（虽）遠（远）

難熬。這路不知有多少遠近，你怎麼能費這許多精神！」行者道：「不用商量，等我去看看。」將身一縱，跳在半空看時，一望無際，正是：

「遙望不知何所盡，近看好似綠雲沉。
爲人誰不遭荊棘，那見西方荊棘深？」

行者看了多時，下來說道：「師父，遠得很呢！」三藏道：「有多少遠？」行者道：「一望無際，約有千里之遙。」三藏大驚道：「怎麼是好？」沙僧笑道：「師父別愁我們學燒荒的，放上一把野火，燒完了荊棘過去。」八戒道：「別亂談！這許多荊棘，一時怎麼燒得了？」行者道：「就是燒得了，也很怕人。」三藏道：「這樣怎麼能度？」八戒笑道：「要得度，還仗我！」

繁与简

費（费） 談（谈） 許（许） 燒（烧） 將（将） 樣（样） 縱（纵） 還（还） 時（时） 無（无） 際（际） 盡（尽） 綠（绿） 雲（云） 沉（沉） 爲（为） 誰（谁） 來（来） 約（约） 驚（惊） 學（学）

好獃子說著，把腰躬一躬，叫「長！」就長了有二十多丈的身軀；把釘鈀擺一擺，叫「變！」就變了三十丈長的釘鈀柄；放開腳步，雙手使鈀，將荊棘左右披開：「請師父跟我來呀！」三藏見了甚喜，就趕著馬，緊隨在後；沙僧挑著行李，行者也用鐵棒去撥。這一日，未曾住手，行有百十里路程。將近天晚，見一空闊處，有一塊石碑，上有三個大字，乃「荊棘嶺」；下有兩行十四個小字，乃「荊棘蓬攀八百里，古來有路少人行。」八戒見了

繁与简

獃（呆）　軀（躯）　擺（摆）　變（变）　腳（脚）　雙（双）　趕（赶）　隨（随）　後（后）　鐵（铁）　撥（拨）　闊（阔）　處（处）　塊（块）　個（个）　兩（两）

笑道：「等我添上兩句：『從今八戒能開破，直透西方路盡平！』」三藏欣然下馬道：「徒弟，累了你啊！我們就在此過夜，等明日天明再走。」八戒道：「師父別住，趁此天色清明，我們有興，連夜開路走罷。」那長老只得相從。八戒上前努力，師徒們人不住手，馬不停蹄，穿荆度棘，又行了兩夜一日，才過了八百里荆棘嶺，上得大路，一齊西行。

【想】世界上有許多無形的荆棘是甚麼？我們怎樣去開牠？

繁与简

從（从）
興（兴）
連（连）
罷（罢）
齊（齐）
牠（它）

第八册

一 答愛玩具的朋友

朋友，你別問咱——
「呢獅獅，磁娃娃，
橡皮做的狗，柚木做的馬，
能活動的飛機和汽車，
可吹打的銅鼓與喇叭，
哪一種東西，你最喜歡耍？」
先請你分別一下：
多少是洋貨，甚麽出在我中華？
咱已宣誓：
「反對帝國主義、資本家，不願
再進貢，儘把金錢供給他！」

繁与简

愛（爱） 對（对） 問（问） 國（国） 馬（马） 義（义） 動（动） 資（资） 飛（飞） 願（愿） 機（机） 進（进） 車（车） 貢（贡） 銅（铜） 儘（尽） 與（与） 錢（钱） 種（种） 給（给） 東（东） 歡（欢） 請（请） 貨（货） 甚（什） 麽（么） 華（华）

三 實驗室裏的阿爾——愛迪生

電影，奇怪的電影，是誰發明的？是愛迪生。愛迪生發明的東西很多：電燈、留聲機，……共有七百多種，不單是電影一種。他是一個奇人罷？不，他是一個平常人。怎麼會發明許多奇怪的東西呢？原來他喜歡實驗，從小就喜歡實驗。

他小時候的名字叫阿爾。父親是做裁縫的，有時候也去種地，所以阿爾是一個苦孩子。他六歲上學，在小學裏前後不過三個月，似乎很笨，所以老師不歡喜他，罵他是「笨貨。」母親叫他退學，在家裏敎他讀書、演算，才有了一點兒進步。

阿爾實在不笨，他小腦子裏有許多問題，兩隻小手也喜歡活動。他八歲時，跟著母親上火車站去玩，看見火車

繁与简

實（实）驗（验）裏（里）爾（尔）愛（爱）電（电）誰（谁）發（发）東（东）燈（灯）聲（声）機（机）種（种）單（单）個（个）罷（罢）麼（么）會（会）許（许）歡（欢）

從（从）時（时）親（亲）縫（缝）歲（岁）學（学）後（后）過（过）師（师）罵（骂）貨（货）讀（读）書（书）點（点）進（进）腦（脑）問（问）題（题）隻（只）動（动）

頭，他便戀戀不捨，要去研究，問火車怎麼會走的。

有一次，他在教科書上看見一種化學的實驗方法，覺得很好玩，便照樣去實驗。哈！居然成功了，這是多麼有趣的把戲啊！他一心要玩這把戲。但是玩這把戲，要買書，買儀器和藥品，並且要設實驗室；他家裏很貧苦，哪兒有餘錢，又哪兒有空房子呢？他想了又想，請求母親許他去做小販，賣菜、賣報，賺錢來買書，買儀器和藥品；並且把住房下層的地窖，給他做實驗室。母親允許了，他便照著計劃實行。一空下來，也不做別的工作，只在小實驗室中玩小把戲。

後來，他賣報賣上了火車，覺得回家實驗，實在太不方便；就設法把書籍、儀器搬上火車，躲在行李車中的空處

繁与简

頭（头） 戀（恋） 捨（舍） 車（车） 見（见） 覺（觉） 樣（样） 這（这） 戲（戏） 來（来） 買（买） 儀（仪） 藥（药） 並（并） 設（设） 貧（贫） 兒（儿）

餘（馀） 錢（钱） 請（请） 販（贩） 賣（卖） 賺（赚） 層（层） 給（给） 劃（划） 躲（躲） 處（处）

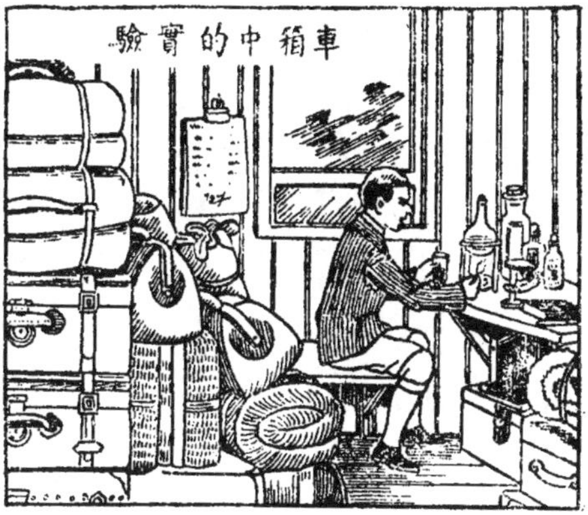
車箱中的實驗

工作。過了幾天，管車的見他小小年紀，倒會玩這把戲，也就放任他，不加干涉。因此，行李車做了阿爾的實驗室，阿爾格外努力了。

有一天，阿爾正在實驗，火車在鐵軌上忽然登的一動，把他的藥瓶掀倒，車廂中竟火燒起來了！管車的見了大怒，走來一個耳光，把阿爾打得耳朵裏亂響；還把許多藥瓶，一起摔在站上，不許他再在車上實驗。從此，他的一隻耳朵被人打聾，火車上的實驗室也只得取銷。可是他並不灰心，一面創辦「火車日報」一面仍舊在地窖中的小實驗室裏繼續工

繁与简

紀（纪）　鐵（铁）　軌（轨）　廂（厢）　燒（烧）　亂（乱）　響（响）　還（还）　聾（聋）　銷（销）　創（创）　辦（办）　報（报）　舊（旧）　繼（继）　續（续）

愛迪生像

作；他還以爲一隻耳朵聾了，反可以格外專一，不致分心呢！

不久，阿爾得了站長的允許，在火車站的電報房裏服務，又增進了許多電的知識。到二十二歲的時候，便發明了一個交易所裏用的拍板機器。得了四萬金洋，才能夠佈置起比較大一點的實驗室來。

後來，阿爾一天一天長大，學問也一天一天增高，發明了活動影戲；愛迪生的大名，才被一般人轟傳了。但是他終身差不多沒有離開實驗室。許多發明品，都是他在實驗室中實驗出來的。我們現在常常看見的電影、電燈、留

繁与简

專（专） 長（长） 務（务） 識（识） 萬（万） 夠（够） 佈（布） 較（较） 轟（轰） 傳（传） 終（终） 離（离） 開（开）

聲機，……不知愛迪生發明這些東西經過了幾次實驗，費去了多少心血呢！

【想】愛迪生怎麽會發明許多東西？

四　四個謎語

趙老師把四個謎語寫在黑板上，叫我們猜。我們猜了半天，猜不出。鄭俠問：「是動物還是植物？」趙老師說：「不是動植物，是字。每一個謎語打一個字。」我們仍舊猜不出。趙老師笑笑說：「這四個字，兩個是用鼻子嗅得出來的味道，兩個是用眼睛看得出來的形狀。」於是他說「臭，」我說「香，」你說「美，」我說「惡，」把四個謎語全猜出了。我覺得很有趣，便把牠鈔錄在筆記簿上。

繁与简

經（经）個（个）謎（谜）語（语）趙（赵）師（师）寫（写）們（们）鄭（郑）俠（侠）問（问）動（动）還（还）説（说）舊（旧）這（这）兩（两）來（来）狀（状）於（于）惡（恶）覺（觉）牠（它）鈔（钞）錄（录）筆（笔）記（记）

（一）

一個人，揹根梁，頭上頂著一隻禿尾巴的羊。

（二）

這個啞巴，沒有嘴巴，一顆良心，壓在底下。

（三）

查先生，真可怪！足下的鞋，在頭上歪戴。

（四）

小小狗，真惡劣！眼睛上面生隻角。

【寫】把謎底寫出來：一、　二、　三、　四、

繁与简

頭（头）　頂（顶）　隻（只）　啞（哑）　顆（颗）　壓（压）

八　草船借箭

許多小朋友多喜歡聽老師講三國演義。老師說：「三國演義是一部歷史小說。是依著三國志上的歷史故事，添枝加葉，編演而成的。裏面有許多假造的事實，而且一味提倡忠君，描寫戰爭，實在沒有甚麼價值！」我說：「戰爭，鬥計策，也是很有趣的事情，請老師再講一段給我們聽！」老師便講「諸葛亮草船借箭」給大家聽。我一面聽，一面把牠寫下來。

曹操帶了八十三萬人馬，來取江南。在長江北岸，靠水紮營。周瑜率領東吳兵馬，會同諸葛孔明，紮營在長江南岸把守。

繁与简

許（许）　歡（欢）　聽（听）　師（师）　講（讲）　國（国）　義（义）　歷（历）　説（说）　葉（叶）　編（编）　裏（里）　實（实）　寫（写）　戰（战）　甚（什）　麼（么）

價（价）　鬥（斗）　計（计）　請（请）　們（们）　諸（诸）　給（给）　牠（它）　帶（带）　萬（万）　馬（马）　長（长）　紮（扎）　營（营）　領（领）　東（东）　會（会）

周瑜因爲孔明才識勝過自己，便想借個罪名，把他殺死。有一天，周瑜請孔明議事，要孔明在十日內，監造十萬枝箭。孔明道：「十萬枝箭，只消三天，便可送上。」並且立下文書，如果三天內交不出十萬枝箭，甘受重罰。周瑜心想：「三天內怎麽能夠造成十萬枝箭呢？等他誤了日期，定下死罪，那可不能怨我了！」一面暗喜，一面派人探聽孔明舉動。可怪那孔明第一日不聲不響，第二日也毫無動靜。

孔明知道魯肅老實，暗中去會魯肅，請他私下預備二十隻快船，每船伏下三十多名兵士，並且張著布幔，裝束許多草人，分排在快船兩邊，只等孔明取用。

到了第三天四更時分，孔明祕密往約魯肅上船。魯肅

繁与简

爲（为） 識（识） 勝（胜） 過（过） 個（个） 殺（杀） 議（议） 監（监） 並（并） 書（书） 罰（罚） 夠（够） 誤（误） 舉（举） 動（动） 聲（声） 響（响）

無（无） 魯（鲁） 肅（肃） 預（预） 備（备） 隻（只） 裝（装） 兩（两） 邊（边） 時（时） 祕（秘） 約（约）

問道：「您叫我來，是甚麼意思？」孔明道：「請您同去取箭！」魯肅道：「箭在哪兒？」孔明笑道：「您別問我，前去便可以看見。」說著，便叫把二十隻快船，用繩索連繫起來，直向北岸進發。那時，大霧漫天，長江裏霧氣更重，對面看不見人。船已到了曹操水營附近，孔明叫把船頭朝西，船尾朝東，一字兒排開；令兵士一面擂鼓，一面喊殺。魯肅大驚道：「倘曹兵一起出來，我們怎麼抵敵？」孔明笑道：「我

繁与简

問（问） 兒（儿） 見（见） 繩（绳） 連（连） 繫（系） 來（来） 進（进） 發（发） 霧（雾） 氣（气） 對（对） 頭（头） 開（开） 驚（惊） 敵（敌）

料曹操，在大霧裏一定不敢出兵我們只管飲酒等霧散了，便可回去。」

曹營中聽得擂鼓叫喊，將士們連忙飛報曹操。曹操便傳令道：「大霧迷江，南軍忽然殺來，一定有甚麽計策，我們不可出戰。且叫弓箭手放箭，別讓南軍搶到我們水營裏來！」號令既下，曹營弓箭手一萬多人，便齊向江中放箭，亂紛紛地像雨點一般飛來。孔明看看各船，這邊受箭已滿，便叫掉過船來：頭朝東，尾朝西，盡量受箭。一會兒，日高霧散，孔明便叫收船速回。二十隻快船兩邊草人上，箭已射滿，足有十萬多枝了。

船到南岸，周瑜已派五百兵士在江邊等候。孔明便叫兵士搬箭交給周瑜，別了魯肅，自回寓處。魯肅入營見過

繁与简

飲（饮） 將（将） 飛（飞） 報（报） 傳（传） 讓（让） 軍（军） 搶（抢） 號（号） 齊（齐） 亂（乱） 紛（纷） 點（点） 滿（满） 盡（尽）

周瑜，把草船借箭之事，一一說明。周瑜大驚，嘆氣道：「唉！孔明神機妙算，不是我所能及的哪！」

【想】(1)兵力、軍器、計策，在戰爭中這三種哪一種要緊？
(2)現在的時候，要是有了諸葛亮，能否戰勝外國？

九　歌舞的鳥明星

夜幕揭開天光明，佈景但見山如屛。
誰來表演獻技藝，能歌善舞鳥明星。
鶯姑娘，口舌巧，宛轉圓匀唱未了；
飛燕小姐也登臺，態度翩翩嗓子好。
杜鵑哭，山鵲笑，悲苦歡欣各成調。
畫眉先生，告天子，百轉千回舌更妙。
還有鸚鵡與八哥，絕技不但能唱歌；

繁与简

嘆（叹）　機（机）　種（种）　緊（紧）　現（现）　鳥（鸟）　開（开）　佈（布）　見（见）　誰（谁）　來（来）　獻（献）　藝（艺）　鶯（莺）　轉（转）　圓（圆）　飛（飞）

臺（台）　態（态）　鵑（鹃）　鵲（鹊）　歡（欢）　調（调）　畫（画）　還（还）　鸚（鹦）　鵡（鹉）　與（与）　絕（绝）

鳥嘴會說人類話，
輕言細語聲清和。
孔雀、山雞不用嘴，
金碧滿身光彩美；
你飄錦帶我開屏，
飛舞盤旋來煞尾。
場中佈景忽變更，
春雲淡淡、江水橫；
鴛鴦成對鶴成隊，
戲水騰雲各逞能。
羣雁舞罷大幕閉，
百鳥無聲盡休憩。
可怪幕內貓頭鷹，
還唱悲歌獨獻技。

繁与简

會（会） 鴦（鸯）
說（说） 對（对）
類（类） 鶴（鹤）
話（话） 隊（队）
輕（轻） 戲（戏）
細（细） 騰（腾）
語（语） 雲（云）
聲（声） 羣（群）
雞（鸡） 罷（罢）
滿（满） 閉（闭）
飄（飘） 無（无）
錦（锦） 盡（尽）
帶（带） 貓（猫）
盤（盘） 頭（头）
場（场） 鷹（鹰）
佈（布） 獨（独）
變（变） 獻（献）
雲（云） 鴈（雁）
鴛（鸳）

十四　月夜泛舟

夜來景色清幽，我駕著「一葉扁舟，」在湖上遨遊。
只見湖山隱隱，湖水悠悠：
爽朗朗的明月，與天地沈浮！
飄忽忽的清風，把銀波吹縐。
我陶醉在這「大自然」裏頭：
好像母懷中的小孩，
很覺得舒適溫柔；
又像雲島裏的仙人，
真無慮無憂。

十五　魯濱遜漂流荒島

我聽見一個小朋友講魯濱遜漂流記，沒有聽完全。有一次，我要求老師講這故事。老師說：「魯濱遜漂流記有好幾種：有的很長，很詳細；有的很短，很簡略：

繁与简

來（来）　駕（驾）　葉（叶）　遊（游）　見（见）　隱（隐）　與（与）　沈（沉）　飄（飘）　風（风）　銀（银）　縐（绉）　這（这）　裏（里）　頭（头）　懷（怀）　覺（觉）　適（适）
雲（云）　島（岛）　無（无）　慮（虑）　憂（忧）　魯（鲁）　濱（滨）　遜（逊）　聽（听）　講（讲）　記（记）　師（师）　幾（几）　種（种）　長（长）　詳（详）　細（细）　簡（简）

是歐洲人做的小說。雖然不是眞的事實，卻可以代表歐洲人的個人發展、和冒險、殖民的思想。一說著、便把下面的一段，講給我們聽。

魯濱遜是英國人，他最喜歡航海。

有一次，魯濱遜在海船上，忽遇颶風大浪，把船打破；船裏的同伴，都被波浪沖去，死在海裏；只有魯濱遜一個人，卻被大浪送到一個海島邊，得了性命。可是那海島只有草木，沒有人烟，魯濱遜到此，除了一個人求生之外，絲毫沒有別的辦法。

幸而破船也被浪打到荒島邊來。魯濱遜上船去把剩餘的糧食、工具、火藥、……以及一隻狗，兩隻貓，一起搬運上岸；才得在山坡上用船帆、木杆等，搭起帳屋和土堡來

繁与简

歐（欧） 說（说） 雖（虽） 實（实） 卻（却） 個（个） 發（发） 險（险） 國（国） 歡（欢） 颶（飓） 風（风） 裏（里） 沖（冲） 島（岛） 邊（边） 絲（丝） 辦（办）

餘（馀） 糧（粮） 藥（药） 隻（只） 兩（两） 貓（猫） 運（运） 帳（帐） 來（来）

居住。

這荒島也有野鳥、山羊、野兔之類。魯濱遜獵到了這些動物，一面吃牠的肉，一面取牠的皮毛做衣裳穿。可以畜養的東西，並且畜養起來。所以後來魯濱遜有許多山羊，可以吃羊肉，飲羊奶；還有一隻鸚鵡，能夠和自己說話，呼喚「魯濱遜，魯濱遜！」

魯濱遜偶然翻檢船上搬來盛過小麥的布袋，得了一點兒麥種，便又種起田來。同時，他並且製成了桌、椅、……鍋、碗……等幾件木器和陶器。到第六年，又造成了一隻獨木船，給他划著到海邊去遊覽。可是他一個人要做這樣，又要做那樣，忙也忙得夠了，哪有多少遊覽的時間呢？

魯濱遜在荒島上，一天一天地過去，不覺到了第十五

繁与简

這（这）　鳥（鸟）　類（类）　獵（猎）　動（动）　牠（它）　養（养）　東（东）　並（并）　後（后）　許（许）　飲（饮）　還（还）　鸚（鹦）　鵡（鹉）　夠（够）　話（话）

檢（检）　過（过）　麥（麦）　點（点）　時（时）　製（制）　鍋（锅）　獨（独）　給（给）　遊（游）　覽（览）　樣（样）　間（间）　覺（觉）

倆年頭。有一天，他在沙灘上，忽然發現幾個人類的腳跡和幾堆人類的白骨；細心考察，才知道荒島附近的海中，另有一片大地，住著吃人的生番。他心裏十分恐慌，只怕生番渡海來捉他，所以防備得格外周密。

到了第二十五年，魯濱遜在島上，果然看見一隊黑色人種的生番，綁了兩個人，乘船上岸，把他們活剝著吃。魯濱遜正在驚慌，忽見一個人撤脫了繩索，向魯濱遜躲的地方奔來，三個生番在後面追趕！魯濱遜乃鼓著勇氣，放槍，把生番嚇走，救了那人。原來那人也是黑種的生番，是被另一族生番

繁与简

頭（头） 灘（滩） 現（现） 腳（脚） 跡（迹） 細（细） 備（备） 見（见） 綁（绑） 們（们） 驚（惊） 繩（绳） 躲（躲） 趕（赶） 氣（气） 槍（枪） 嚇（吓）

擄來的。魯濱遜救了他，遂替他起一個名字，叫做星五。並且教他識字、說話，做了自己很忠實的僕人。

後來，魯濱遜和星五又從吃人的生番隊裏，救出了兩個人；一個是星五的父親，一個卻是西班牙國的白種人。——這白種人，也是航海遇難，流落在星五出身的部落裏；這次因爲別的部落來侵，所以和星五的父親同時被擄的。現在，星五父子團聚，魯濱遜也得了一位同種的同行朋友，這眞是天大的喜事呢！

到第二十八年，乃有一隻英國船上的許多水手，綁了船長、船副等三個人上岸來謀害。魯濱遜和星五等趁水手們熟睡的時候，把三個人送上原船。又經過了許多周折，魯濱遜一行人，便也逃上英艦，撇下了水手們，竟回到

繁与简

擄（掳）　識（识）　僕（仆）　隊（队）　親（亲）　難（难）　爲（为）　團（团）　謀（谋）　經（经）　艦（舰）

英國倫敦來。

後來，魯濱遜年老了，還喜歡航海。有一次，他又到那荒島上去。只見那荒島已成爲一個繁盛的「殖民地」了。魯濱遜重遊舊地，想起了從前的辛苦，不覺掉下淚來但是他心裏卻很快樂。

【想】歐洲人的個人發展和冒險、殖民的思想，錯誤不錯誤？爲甚麼？

繁与简

舊（旧）從（从）淚（泪）樂（乐）錯（错）誤（误）甚（什）麼（么）

十七 瀑布

聽！ 淙淙的瀑布聲音，這是「自然之琴！」
與山共鳴，與谷相應，
怡悅我們的耳和心。
請問繁盛的音樂大會，
高唱、低吟，
哪一種的演奏，
有這樣的幽遠清新？

★ ★ ★ ★ ★

看！ 怱怱的瀑布飛傾，這是「自然之鏡！」
青山爲架，白石爲屏，照耀我們的形和影。
請問華美的梳妝畫閣，脂塗、粉映，
哪一家的裝璜，有這樣的生動潔淨？

繁与简

聽（听） 聲（声） 這（这） 與（与） 鳴（鸣） 應（应） 們（们） 請（请） 問（问） 樂（乐） 會（会） 種（种） 樣（样） 遠（远） 怱（匆） 飛（飞） 傾（倾） 鏡（镜）

爲（为） 華（华） 妝（妆） 畫（画） 閣（阁） 塗（涂） 裝（装） 動（动） 潔（洁） 淨（净）

二十一 侯將軍奮勇剿倭寇

侯將軍姓侯名端，是明朝江蘇省金山縣地方的一位勇將。

衙門前有一對大石獅子、每隻重可千斤，平常十多個人抬牠不起。有一次，侯端興發，他把一隻石獅子用手輕輕地抱起來，繞道兒走了十多里路，仍舊輕輕地放在原處，神色不變。

又有一次，侯端騎馬經過一座石牌坊下，見那石牌坊

繁与简

將（将） 軍（军） 奮（奋） 蘇（苏） 縣（县） 門（门） 對（对） 獅（狮） 隻（只） 個（个） 牠（它） 興（兴） 發（发） 輕（轻） 來（来） 繞（绕） 兒（儿） 舊（旧）

處（处） 變（变） 騎（骑） 馬（马） 經（经） 過（过） 見（见）

的橫楣，並不很高；便伸手上去，抱了橫楣，把兩條腿，挾著馬，懸空地弔起來。好一會兒，才把兩手一鬆，讓那馬四腳著地，從容策馬而去。

鄰縣南匯，不知從何處來了一隻白額虎，四出傷人，嚇得人人驚心，家家閉戶，白天也沒有人敢出門。侯端知道了，便帶了兵器，前去找尋那虎；和那虎格鬥，把那虎殺死。

忽一日，探報沿海有十三隻大船，載著無數倭寇，直逼金山城南。金山城內外官民人等，嚇得紛紛逃走。侯端兵少，料敵不過，便也帶兵出城，紮在離城三里的楊家團地方；騰出一個空城來，暫讓倭寇盤據，以便乘間進擊。

繁与简

並（并） 兩（两） 條（条） 挾（挟） 懸（悬） 弔（吊） 會（会） 鬆（松） 讓（让） 腳（脚） 從（从） 鄰（邻） 匯（汇） 額（额） 傷（伤） 嚇（吓） 驚（惊） 閉（闭） 帶（带）

尋（寻） 鬥（斗） 殺（杀） 報（报） 無（无） 紛（纷） 敵（敌） 紮（扎） 離（离） 楊（杨） 團（团） 騰（腾） 暫（暂） 盤（盘） 據（据） 間（间） 進（进） 擊（击）

侯端一個人，騎著一匹馬，先到海塘邊去察探賊情。只見海邊潮水正退，倭船不能近岸；倭寇卻用小划船，一線兒連貫著，直向岸上進發；當先的小划船上，站著一個紅衣賊將。侯端撥馬入水；只因水深浪湧，馬鞍下的皮韉子，被水擋住，不能上前；侯端抽刀把皮韉割斷，丟在水裏，仍舊前進。到了划船附近，即便拈弓搭箭，對準那紅衣賊，只一箭，竟把那紅衣賊射死了。賊衆大驚，急忙揮旗，退回大船。一會兒，大船上的倭寇，全數上小划船，羣蜂似的擁上岸來。侯端只得退走。在路上，恐怕自己的白馬，做了倭寇的目

繁与简

邊（边） 賊（贼） 卻（却） 線（线） 連（连） 貫（贯） 當（当） 紅（红） 撥（拨） 湧（涌） 韉（鞯） 擋（挡） 斷（断） 裏（里） 準（准） 衆（众） 揮（挥） 數（数） 羣（群） 擁（拥）

標；適見海塘下有人牧羊，他便借取一隻羊來，殺了，把羊血塗在馬身上，將白馬塗成赤馬，然後從容而去，仍舊退回楊家團。

衆倭寇既登了岸，一路燒殺，搶了城池。侯端卻由楊家團吩咐兵士，各執火把，到海邊去，把所有的倭船，完全燒燬。因此倭寇得了空城，斷了歸路，未免進退兩難，聲勢也差得多了。

侯端以爲倭寇不難撲滅，便挺著雙劍，親自帶兵攻城。兵到東門，東門已閉；到南門，南門也已關了，不能進去；到西門，弔橋又折斷了。侯端恨不得一鼓滅賊，急得拍馬叫道：「馬呀！你應該努力一下，否則我和你都活不成！」那馬也眞靈敏，經牠一叫，卽便咆哮起來，只一跳，跳過了城

繁与简

標（标）　適（适）　塗（涂）　後（后）　從（从）　燒（烧）　搶（抢）　執（执）　燬（毁）　歸（归）　難（难）　聲（声）　勢（势）　爲（为）　撲（扑）　滅（灭）　雙（双）　劍（剑）

親（亲）　東（东）　關（关）　橋（桥）　應（应）　該（该）　則（则）　靈（灵）

河。不料跳得急了，侯端左手的一把劍，跌落在地。侯端一手拒敵，那馬一面把地上的劍銜起來，侯端接在手中，雙劍交揮，直如生龍活虎，闖入西門。回頭一看，卻不見自己的一兵一馬跟來！侯端只得單騎衝殺，看見倭寇就斬；在街巷中，只殺得賊衆人翻馬仰，紛紛退避，大叫：「啊！好將軍！」

衆倭寇不能抵敵，只得用搶來的布匹，橫在路上，想絆倒侯端的馬。侯端一手仗劍挑布，一手把劍將布割斷；拉布的倭寇，反都跌倒在地，指天搖手，直說侯端是天上下來的神將！賊衆又用長鉤來鉤，鉤住侯端的左

繁与简

銜（衔）龍（龙）闖（闯）頭（头）單（单）衝（冲）斬（斩）紛（纷）絆（绊）鉤（钩）

臂，侯端力大，儘拉不動，只落下四片袍甲來。侯端且戰且走，衝出東門。

侯端雖然勇敢，但是究竟單身匹馬，只能衝殺一陣，不能剿滅衆賊。於是召集殘兵，訓練民衆；然後與衆宣誓救國，大舉攻城。可憐許多倭寇，只因倭船既燬，無路逃生，全被侯端和軍民人等剿滅了。因此，金山復安，人心大快。

【想】抵抗敵兵，靠一人之勇呢？還是要靠民衆之力？

繁与简

儘（尽）戰（战）雖（虽）於（于）殘（残）訓（训）練（练）與（与）國（国）舉（举）憐（怜）復（复）

二十二　子夏論勇

衛靈公午睡醒來,覺得精神很不振作,吩咐御者套了車去召勇士公孫悁來談談。車在路上跑得很快,子夏見了,便問:「爲甚麼跑得這樣快?」御者道:「主公要見勇士,所以派我去接公孫悁呢!」子夏道:「不召公孫悁,召和公孫悁一樣有勇的人,可以麼?」御者道:「可以。」子夏道:「那麼載我去罷。」於是御者載了子夏來見衛靈公。到了門口,御者入內通報,衛靈公道:「我派你去召勇士,怎麼接了一個文人來?」御者把子夏的話一五一十地告訴衛靈公。衛靈公道:「好罷,你請卜先生進來,再趕

繁与简

論(论) 衛(卫) 靈(灵) 來(来) 覺(觉) 車(车) 孫(孙) 談(谈) 見(见) 問(问) 甚(什) 爲(为) 麼(么) 樣(样) 載(载) 罷(罢) 於(于)

門(门) 報(报) 個(个) 話(话) 訴(诉) 請(请) 進(进) 趕(赶)

快去召公孫悁!」御者應了一聲「是!」便出來請子夏入內;一面仍舊去接公孫悁,把子夏的話,也告訴了他。

子夏正在謁見衞靈公時,公孫悁也來了。他一進門,便仗劍大叫道:「卜商快出去,我留你的頭!」子夏對他看了一眼,說道:「呵!收了你的劍,我和你講勇。」於是衞靈公也叫他納劍進見。

子夏道:「來!有一次,我和你跟隨主公,去會晉國的趙簡子,趙簡子對我們主公很沒有禮貌;那時從十三行行列之後,轉出一個人來,強迫趙簡子改容相見。這是誰!是你呢還是我?」公孫悁道:「那是你。」子夏道:「那麼你的勇不及我,這是一。又有一次,我和你跟隨主公去會齊侯,兩君待遇很不平等,那時從十三行行列之後,轉出一

繁与简

應(应)　聲(声)　舊(旧)　謁(谒)　時(时)　劍(剑)　頭(头)　對(对)　說(说)　講(讲)　納(纳)　隨(随)　會(会)　晉(晋)　國(国)　趙(赵)　簡(简)

們(们)　禮(礼)　從(从)　後(后)　轉(转)　這(这)　誰(谁)　還(还)　齊(齐)　兩(两)

個人來，強迫齊侯，使他和我們主公待遇平等。這是誰？是你呢還是我？」公孫悁道：「也是你。」子夏道：「那麼你的勇不及我，這是二。又有一次，我和你跟隨主公在園中遊覽，有兩個強盜來刺主公；那時拔槍格盜，把主公救出來的，是你呢還是我？」公孫悁道：「也是你。」子夏道：「那麼你的勇不及我，這是第三樁了。你要知道怎麼叫勇？勇者，上不怕率領千軍萬馬的帝王，下不欺手無寸鐵的匹夫；對外能堅持公理而使敵國不敢來犯，對內能制止殘暴而使國安民樂：這才是眞勇呢。要是以衆暴寡，以強凌弱，壓迫民衆，威嚇國人，這便是毒蛇、猛

繁与简

園（园） 遊（游） 覽（览） 盜（盗） 槍（枪） 樁（桩） 領（领） 軍（军） 萬（万） 馬（马） 無（无） 鐵（铁） 堅（坚） 敵（敌） 殘（残） 樂（乐） 衆（众） 壓（压） 嚇（吓）

獸，民衆應該起來將他誅滅的！……」

衛靈公聽了，連忙起立，拱手道：「我雖然不聰明，但是很贊成卜先生的勇。古詩上說的好：『不侮矜寡，不畏強禦，』這便是卜先生的勇啊！」

二十七　海國博覽會

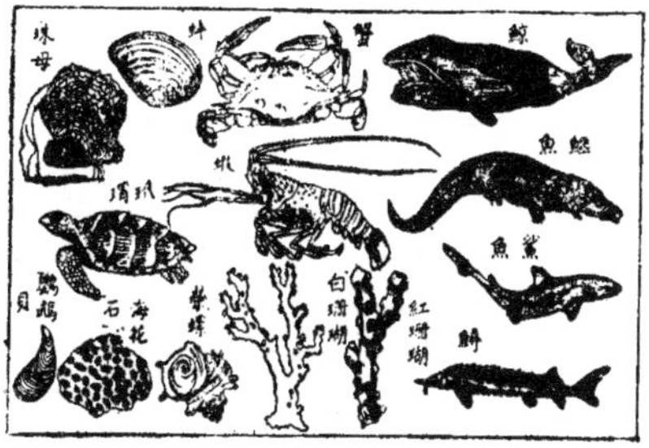

海上風狂、波浩渺，四海龍王都打倒。
水族建立共和國，鯨、鱷、鯊、鱘爲代表；
統率蟹將與蝦兵，同心來把海國保。
水晶宮開博覽會，陳列無數珍和寶。
紅珊瑚又白珊瑚，接成玉樹堆成島；
老蚌、珠母各獻珠，大的粒大、小的小；
玳瑁宛如綠坎肩，紫螺恰似銀腳爪；
海花石，花樣巧；鸚鵡貝，顏色好；

繁与简

獸（兽）該（该）將（将）誅（诛）滅（灭）聽（听）連（连）雖（虽）聰（聪）贊（赞）詩（诗）禦（御）國（国）覽（览）會（会）風（风）龍（龙）鯨（鲸）鱷（鳄）鯊（鲨）鱘（鲟）

爲（为）統（统）與（与）蝦（虾）開（开）陳（陈）無（无）數（数）紅（红）樹（树）島（岛）獻（献）綠（绿）榮（荣）銀（银）腳（脚）樣（样）鸚（鹦）鵡（鹉）貝（贝）顏（颜）

海綿、海參非植物；海燕、海鷗也非鳥；
形狀離奇畫不成，名目繁多說不了。
許多魚兄、魚大嫂，帶著闔家老和小，
穿前落後來遊玩，說道：國寶真不少！
還有海狗、海馬、海牛、海象、海虎與海豹，
也各游泳、奔爬、搖頭、擺尾，前來看熱鬧。

【畫】把各種水族圖上顏色。

二十八 誇佳果

咱們中華地方大，出產米、麥、絲、漆、茶。
單說四季的果子，也覺得種類繁多物品佳。
且請諸君靜坐下，聽我來把牠誇上一誇。
廣東、福建兩大省：黃柚、紅橘艷如花；

繁与简

綿（绵）參（参）鷗（鸥）鳥（鸟）狀（状）離（离）畫（画）說（说）許（许）魚（鱼）帶（带）闔（阖）後（后）來（来）遊（游）寶（宝）還（还）馬（马）頭（头）擺（摆）

熱（热）鬧（闹）種（种）圖（图）顏（颜）誇（夸）們（们）華（华）產（产）麥（麦）絲（丝）單（单）覺（觉）類（类）聽（听）廣（广）東（东）兩（两）紅（红）艷（艳）

芝蔴香蕉多細膩；新會甜橙有聲價；
「增城掛綠」鮮荔枝嫩；南海與化龍眼兒大。
浙江果品也不少：嘉興檇李、海寧瓜；
奉化密桃、黃巖橘；還有南棗出金華。
江蘇碭山梨最好；蕭縣石榴也不差；
洞庭山上果尤富，白楊梅與甜枇杷。
山東許多好果子；其中四品是名家：
肥城桃子、堂邑梨，博平棗又恩縣瓜。
河北有棗，中心無核；深縣名桃，入口無渣；
良鄉栗子、鴉兒梨、最愛牠的、是小娃娃。
其餘各省與邊疆，不能一一細調查：
例如甘肅軟兒梨、西藏葡萄、哈密瓜，

繁与简

膩（腻）　縣（县）
會（会）　楊（杨）
聲（声）　與（与）
價（价）　許（许）
掛（挂）　無（无）
綠（绿）　鄉（乡）
鮮（鲜）　鴉（鸦）
興（兴）　愛（爱）
龍（龙）　牠（它）
兒（儿）　餘（余）
檇（槜）　邊（边）
寧（宁）　細（细）
巖（岩）　調（调）
還（还）　肅（肃）
棗（枣）　軟（软）
蘇（苏）
碭（砀）
蕭（萧）